EL PROGRESO DE UN
PILGRIM

BO PILGRIM

CARIBE-BETANIA
Una División de Thomas Nelson Publishers
The Spanish Division of Thomas Nelson Publishers
Since 1798 — desde 1798
www.caribebetania.com

Caribe-Betania Editores es un sello de Editorial Caribe, Inc.
© 2005 Editorial Caribe, Inc.
Una subsidiaria de Thomas Nelson, Inc.
Nashville, TN, E.U.A.
www.caribebetania.com

Título en inglés: *One Pilgrim's Progress*
© 2005 por Lonnie «Bo» Pilgrim
Publicado por Thomas Nelson, Inc.

A menos que se señale lo contrario,
todas las citas bíblicas son tomadas
de la Versión Reina-Valera 1960
© 1960 Sociedades Bíblicas Unidas
en América Latina. Usadas con permiso.

Traducción: *Nahum Saez*

Tipografía: *Grupo Nivel Uno, Inc.*

ISBN 0-88113-900-9

Reservados todos los derechos.
Prohibida la reproducción total o parcial
de esta obra sin la debida autorización por
escrito de los editores.

Impreso en E.U.A.
Printed in the U.S.A.

A Patty, mi amada esposa por 49 años... a nuestros tres hijos:
Ken, Greta y Pat... y a nuestros seis nietos, por su amor,
dedicación y apoyo con el que siempre puedo contar,
así como a nuestros recuerdos pasados, presentes y
aquellos por venir. Les amo.

—Papi Bo

Tabla de contenido

Prefacio 7

Introducción: Es algo como para quedarse petrificado 9

1. Siempre iba a algún lado 13
2. Motivado por la supervivencia y cautivado por la oportunidad 29
3. Este pollito fue al mercado... 49
4. ¡El pollo es algo por lo cual cacarear!. 59
5. El pollo a la alcaparra picante y otras delicias que hacen agua la boca 79
6. Fuera de algunos titulares 87
7. Una estrategia ganadora y socios ganadores 101
8. Avivar el fuego de la moral alta 119
9. El reto del mejoramiento continuo 131
10. La noble misión de salvar a la América rural 145
11. Nuestra expansión hacia México 157

12. Montar las olas imprevisibles de la industria avícola 163
13. Adquirir o ser adquirido, ¡Ese es con bastante frecuencia el reto! 173
14. Características de un ejecutivo exitoso 185
15. Vea la compañía como el regalo de Dios para usted 203
16. Encuentre equilibrio y satisfacción personal 213
17. La vida en el Chateau 229
18. El punto clave: Sepa a quién dar crédito 237

    Acerca del autor 239

Prefacio

La fe, el impulso y la determinación de Bo Pilgrim tomaron una pequeña tienda de alimentos y la convirtieron en una compañía Fortune 500 con más de 40.000 empleados, localidades en 71 ciudades y 17 estados en la Unión Americana, y operaciones en México y Puerto Rico. La Pilgrim's Pride Corporation está en la lista del mercado de valores de Nueva York bajo el símbolo PPC. Despacha productos a 70 naciones fuera de los Estados Unidos.

Este libro trata acerca de pollos, pavos y huevos, pero especialmente de pollos. Pilgrim's Pride Corporation es la segunda operación de aves más grande del mundo. Es una obra acerca de la libre empresa en América que crea un ambiente para cualquier persona que busque estar entre el uno por ciento de todos los seres humanos que sobresalen en cualquier negocio de su escogencia. Es una historia respecto al optimismo de que algo más grande y mejor puede encontrarse y, en efecto, se halla a la vuelta de la esquina para aquellas personas que temen a Dios, trabajan duro, viven correctamente y aman la libertad.

¿Se puede imaginar produciendo seis millones de pollos para el mercado cada día?

La mayoría de la gente no puede. Pero Bo Pilgrim nunca dudó que Dios quería que él soñara con números tan grandes.

Años atrás le plantearon en broma, a Bo, la pregunta proverbial acerca de qué vino primero: si el huevo o el pollo. Bo no lo dudó. «El pollo», dijo. Cuando le preguntaron como podía estar tan seguro, abrió una Biblia sobre una mesa que estaba cerca. Y leyó en voz alta estas palabras acerca de la creación en el primer capítulo de la Biblia: «Dios creó... toda ave alada según su especie. Y vio Dios que era bueno» (Génesis 1.21-22). Y con su sonrisa enigmática mientras cerraba el libro, Bo dijo: «¡Los pollos y los pavos, ¿no son aves aladas?!» Luego añadió: «Seis millones al día... ese es un buen número para que Dios lo multiplique».

Introducción:
Es algo como para quedarse petrificado

Los expertos del mundo le dirán que no puede mezclar los negocios con los asuntos espirituales. Estoy aquí para decirle lo contrario. Las cosas espirituales *pueden* coexistir con buenos principios mercantiles. He probado que esta afirmación es cierta por más de sesenta años.

Mi nombre es Bo Pilgrim, y soy el cofundador, accionista mayoritario y presidente del consejo de administración de Pilgrim's Pride Corpora-tion, la segunda productora de aves más grande en los Estados Unidos y México, y la más grande productora de pollos en Puerto Rico. Los hechos y las cifras relacionadas con Pilgrim's Pride son para quedarse petrificados:

- Hacemos 5.4 billones de dólares en negocios al año.
- Tenemos más de 40.000 empleados a quienes llamamos nuestros «socios».
- Nuestras plantas producen pollo para 46.8 millones de personas al día, y huevos para 2 millones de personas cada día.
- Tenemos 71 locales en 17 estados de la Unión Americana.
- Producimos casi 2.7 billones de kilogramos de pollo y pavo aderezado al año, incluyendo alimentos preparados con diferentes marcas para la venta al detalle y para el mercado de servicio de comidas rápidas.
- También producimos huevos para comer, para la cría y alimentos para pollos. Además, nuestra amplia división comercial fabricante

de alimentos de alta calidad empaca y despacha productos alimenticios para granjas y exposiciones de animales.
- Operamos criaderos, molinos, plantas procesadoras de pollos, más plantas procesadoras de pollos, instalaciones gastronómicas, plantas procesadoras de pavos y más plantas procesadoras de pavos, centros de distribución, plantas de conversión de proteínas, plantas de tratamiento de aguas.
- Tenemos contratos con 5.000 granjas establecidas en los Estados Unidos y México.
- Procesamos, empacamos y distribuimos más de mil artículos diferentes cada día. Solo en una de nuestras plantas procesadoras, ubicada en Mount Pleasant, Texas, tenemos capacidad para elaborar 2.000 diferentes productos y más de 3.1 millones de kilogramos de bienes terminados por semana.
- Un centro de distribución cerca de Pittsburg, Texas, cuenta con un refrigerador moderno, totalmente automatizado, con capacidad para 18 millones de kilogramos, con tecnologías RFID de Identificación de Frecuencia Radial y GPS Sistema de Posición Global que permiten el seguimiento de inventario a nivel mundial.
- Exportamos productos a más de 70 naciones, incluyendo China, Japón, Kazakhstan y Rusia.

¡Estos hechos son para quedarse petrificados!

Aun más impactante para muchas personas es que no me doy el mérito por estos logros de la compañía que lleva mi nombre. Sé a quién dar el crédito por esta historia de éxito internacional en los negocios: El Señor Jesucristo. He tomado sus principios y los he puesto en práctica en el mundo de los negocios, ni más ni menos.

Me han elogiado por tener los pies sobre la tierra. Mi más grande declaración ante la fama, sin embargo, es que conozco a aquel a quien Dios, nuestro Creador y Padre celestial, envió a la tierra a cambiar los corazones de los hombres y mujeres para liberarlos de la esclavitud del pecado.

Me han aplaudido por la habilidad innovadora y el mercadeo para producir una de las más reconocidas marcas en la industria alimenticia. En verdad, Dios el Creador es el que da todas las buenas ideas. Nosotros simplemente las llevamos a cabo en maneras prácticas, como el Señor nos guía, en cualquier campo en que estemos.

Me han presentado como un hombre que demuestra honestidad y respeto por los demás. Sé, sin embargo, que es el Espíritu Santo quien produce en una persona las cualidades del carácter que son más efectivas para influenciar a las personas y para llevar a otros a Cristo.

Me han llamado líder. En verdad, sé a quién seguir.

He ganado reputación como un hombre que ha ayudado a miles de personas a hacer una buena vida. En realidad, me interesa mucho más ayudar a la gente a aprender cómo VIVIR, cómo amar y servir a Dios con todo el corazón, la mente y las fuerzas.

Si está buscando una obra de negocios con buenos principios de gerencia, recomiendo los excelentes libros y cursos publicados por la American Management Association.

Si busca un libro que le enseñe atajos secretos para tener éxito de la noche a la mañana, este no es para usted. Me ha tomado 77 años llegar a este punto, tanto en el negocio como en la vida, y Dios no ha terminado conmigo todavía. Y no creo en atajos. No creo que el éxito de la noche a la mañana sea posible ni sostenible.

Pero... si está buscando una historia acerca de cómo Dios puede usar a una persona para hacer una diferencia, este libro es para usted. Lo que Dios ha hecho en mi vida, no solo puede, sino que quiere hacerlo en la suya. Déjelo hacerlo a su manera... y Él le guiará a las más grandes alturas que alguna vez pueda conocer, no solo en los negocios, sino en todas las áreas de su vida.

El hecho para quedarse petrificado verdaderamente es que Dios puede tomar una vida humana ordinaria de un lugar ordinario y hacer cosas extraordinarias.

I

SIEMPRE IBA A ALGÚN LADO

El trato fue el más grande en la historia de la industria avícola, valorado en más de 600 millones de dólares. En verdad fue el más grande con el que tuve que ver alguna vez.

El convenio hizo de Pilgrim's Pride Corporation la segunda productora avícola más grande del mundo, siendo casi el doble del tamaño de la que ocupa el tercer lugar. El trato nos colocó en nuevos mercados internacionalmente y nos dio nuevo potencial para el crecimiento y desarrollo.

El convenio al que me refiero es la adquisición de ConAgra Poultry, división de pollos, por parte de Pilgrim's Pride Corporation en el otoño de 2003.

Sorprendió a mucha gente, pero en verdad, las relaciones que destacaron el éxito del trato estuvieron creciendo por cierto tiempo.

A través de los años, me había encontrado con los líderes de la división avícola de ConAgra en varias reuniones de negocios. Habíamos desarrollado una amistad, aun cuando éramos competidores, y admirábamos los principios mercantiles del otro. En varias de estas reuniones de la industria, tuve oportunidades de conversar con los ejecutivos de la compañía avícola acerca de nuestra estrategia para añadir más valor a todos nuestros productos y servicios. Ambos, Dwight Goslee, presidente ejecutivo de operaciones, control y desarrollo de ConAgra Foods, y Bruce Rohde, presidente y oficial ejecutivo en jefe de ConAgra Foods, parecían estar en mi misma onda cuando llegamos a la manera en que enfocamos el servicio al cliente y el crecimiento y desarrollo del negocio.

Hallar maneras de añadir más valor a los productos y servicios ha sido el enfoque de Pilgrim's Pride por décadas. A través de los años, hemos crecido internamente, pero también hemos aprovechado varias oportunidades de adquisición estratégicas que nos han capacitado para expandir nuestra mezcla de productos y nuestra capacidad de distribución, especialmente cuando se trata de comidas preparadas. Yo sabía suficiente, a partir de estas adquisiciones previas, como para visualizar numerosas maneras en las que Pilgrim's Pride y ConAgra Poultry podrían realzarse mutuamente.

Las conversaciones acerca de cómo Pilgrim's Pride y ConAgra Poultry podrían trabajar juntas comenzaron en serio a principios de mayo de 2003. Inicié varias conversaciones telefónicas con Dwight Goslee, y específicamente pedí encontrarme con él y Bruce Rohde cara a cara para discutir una adquisición mayor de las operaciones de pollo de ConAgra Poultry de las que varios ejecutivos de menor rango de esa empresa habían estado dispuestos a discutir con nosotros. Rohde y Goslee estuvieron de acuerdo con el encuentro, y el 9 de mayo de 2003, viajé con Cliff Butler, nuestro vicepresidente, y Rick Cogdill, nuestro vicepresidente ejecutivo y oficial financiero en jefe, para encontrarnos con Rhode y Goslee en Omaha, Nebraska.

En esa reunión expusimos nuestro plan e interés en adquirir TODAS las operaciones avícolas de ConAgra Food de, aproximadamente, 600 millones de dólares en activos por 100 millones de dólares en efectivo, acciones comunes representando aproximadamente de cuarenta a cuarenta y cinco por ciento del total, y una nota subordinada para el balance, la cual le pedimos a ConAgra que llevara por nosotros. Después de unas pocas horas de ultimar varios detalles, progresamos en el marco general de un acuerdo. Discutimos los siguientes movimientos, la documentación requerida y las reuniones con nuestras respectivas juntas directivas, y acordamos avanzar para ver si la transacción podía completarse.

Durante las próximas cuatro semanas, ambas corporaciones experimentaron un torbellino de actividad. Enviamos a nuestra gente de operaciones a visitar todas las principales instalaciones avícolas de ConAgra. Hicimos que los profesionales legales, de impuestos y contaduría dirigieran las debidas diligencias financieras y legales en los registros de negocios y financieros de los pollos de ConAgra. Hicimos que banqueros inversionistas trabajaran para emitir opiniones imparciales. Los bancos hicieron fila para proveer los elementos clave del financiamiento. Codgill por Pilgrim's Pride y Goslee por ConAgra Poultry llegaron a un convenio respecto a la estructura del acuerdo legal.

El sábado 7 de junio de 2003 tuvimos una reunión especial de nuestra junta directiva para considerar y dar la aprobación final a las transacciones propuestas. La presentada ante nuestra directiva se aprobó unánimemente.

Los más de 600 millones de dólares finales a los que Pilgrim's Pride Corporation se obligaba por ahora llevaban un valor público que excede el billón de dólares. El rendimiento de ConAgra por su división avícola ha pasado el billón. Este fue y continúa siendo un trato «ganar-ganar» para ambas compañías.

En el trato, Pilgrim's Pride Corporation duplica sus operaciones en la mayoría de las áreas. Saltamos a más de 5.6 billones al año en ventas, más de 40.000 empleados, y un mercado de más del 15 por ciento. Sumamos 20 millones de kilogramos a nuestra producción de pollo listo para comer, hasta 48.2 millones de kilogramos en una base semanal promedio. Tenemos dos veces las personas, dos veces los mercados, dos veces los ingresos, y dos veces la distribución de nuestro próximo competidor. De un tirón.

¿Estaba emocionado por este trato?

No sé si usaría la palabra emocionado. Retado quizás. ¿Listo para asumir el reto? Absolutamente. En muchas maneras, se sentía como que era el próximo paso que íbamos a dar, un gran paso.

¿Si me sorprendió cuán rápida y fácilmente cayó el trato en su lugar? No, no me sorprendió. Cuando las cosas están bien, y ambas partes ganan, los tratos con frecuencia caen en su lugar con rapidez.

¿Si estaba complacido de que el trato se diera sin muchos incidentes? Definitivamente. Rohde dejó claro que el trato recayó en un simple factor al que he llegado a reconocer y valorar cada vez más a través de los años: la integridad. Aunque esta podría no ser considerada un factor financiero, yace ciertamente en la raíz de todas las decisiones financieras y las elecciones de negocios. Rohde y yo teníamos una relación. Confiábamos en el otro. Él me veía como un hombre de buenos principios mercantiles e integridad. Yo lo veía de la misma manera. Pudimos progresar en un trato de 600 millones de dólares en cosa de pocas horas porque la integridad era nuestro fundamento.

> Él me veía como un hombre de buenos principios mercantiles e integridad. Yo lo veía de la misma manera. Pudimos progresar en un trato de 600 millones de dólares en cosa de pocas horas porque la integridad era nuestro fundamento.

Un trato de 600 millones de dólares habría estado muy lejos de mi más salvaje imaginación hace 70 años. ¿Qué sabría un muchacho de Pine, Texas, población de menos de cien personas, acerca de tratos de negocios de tal magnitud? En una palabra... nada.

Pero, ¿qué sabría un muchacho de Pine, Texas, acerca de la integridad, de mantener su palabra, pararse sobre principios y desarrollar relaciones que trascienden décadas?

Todo.

Pine podría haber sido pequeño, pero los principios que aprendí allí fueron duraderos y enormes. Las relaciones que desarrollé allí continúan hoy. La manera en que hice negocios allí, apenas como un niño vendiendo refrescos, es en mucho la misma en que hago negocios hoy: honesta, directa y con ganancias justas.

Para entender el éxito de Pilgrim's Pride Corporation... para entender mi éxito personal... necesita entender mis raíces.

Un muchacho de Pine con raíces profundas

En realidad mi nombre es Bo. Nací el 8 de mayo de 1928, y fui nombrado oficialmente Lonnie Pilgrim en honor a mi padre, cuyo nombre era Alonzo, pero desde mis días más tempranos, los familiares me llamaban Bo. Es el nombre que siempre he usado.

Fui el cuarto de siete hijos, dos niños más murieron en la infancia. Mi hermano Harold era 10 años mayor que yo. Mi hermano Abrey y mi hermana Mary Katheryn también eran mayores. Billy, Sue y Margaret eran los hermanos menores.

Vivíamos en Pine, Texas, una comunidad de 80 a 100 personas durante mis años de crecimiento.

Éramos pobres, y los demás también. En efecto, la nación entera era pobre a principios de 1930, pero uno de los sitios más pobres en Estados Unidos era el este de Texas. La gente trataba de sobrevivir cultivando algodón y papas, y criando ganado, pero ninguna de esas actividades era rentable en esos días. La mayoría de la gente que criaba ganado también cultivaba un poco de maíz para alimentarlo y en un jardín más pequeño, cultivaban cosechas para su propia mesa.

Para ser un pueblo pequeño, Pine en realidad tenía una cantidad significativa de industrias. Tenía un aserradero, un molino de piedras, una desmontadora de algodón, un almacén de papas, una escuela, dos tiendas, una oficina postal y un ferrocarril que pasaba por el centro del pueblo. La comunidad se organizó en 1884 y se llamaba Pine Tree debido a todos los pinos del área. Anteriormente, el pequeño pueblo se llamaba Cannon Switch en honor del reverendo Burell Cannon, quien construyó lo que llamó el *Ezequiel Airship*, siguiendo la descripción de una máquina voladora en el libro bíblico de Ezequiel. Más tarde, el pueblo fue llamado Cannon Ball por la estación de tren y las vías en medio del pueblo. En 1884, sin embargo, el nombre era Pine Tree, y pocos años más tarde, el *Tree* desapareció.

Mi padre operaba una de las dos tiendas en Pine. La otra fue fundada por el doctor W.T. Efurd, quien tenía un certificado de medicina pero decidió no practicarla después de que abrió la tienda en 1892. Efurd era maestro, tendero y predicador. The Pine Grocery y la Oficina del Correo, que era la tienda de mi padre, estaban frente a la otra, Efurd's Store. La tienda ofrecía todo tipo de vegetales y frutas enlatadas, así como pescado enlatado. Mi padre también llevaba un surtido de bienes secos, desde tabaco hasta harina. Esa ciertamente no era la única empresa que mi padre tenía, sin embargo, después de todo, tenía siete hijos que alimentar además de sí mismo y mi madre, Gertrude.

El tren que corría a través de Pine comenzó a *parar* en Pine después que Efurd's Store abrió. Una persona podía tomar el tren a nueve kilómetros de distancia hasta Pittsburg por quince centavos, o colgarse a un lado del tren de carga gratis. Desafortunadamente el tren paraba solo una vez al día, a las nueve en punto de la mañana, y no volvía a pasar por Pine, así que quienquiera que lo tomara para Pittsburg necesitaba encontrar otra manera de volver a casa. Aprendí la forma difícil un día cuando, siendo niño, entré a hurtadillas al tren y me encontré en una verdadera aventura tratando de volver a casa antes de que me perdiera.

Teníamos un riel de cambio en Pine que corría paralelo a la pista principal, y también una tercera pista. Era en esta en la que cargábamos troncos en carros de ferrocarriles. Los troncos tenían poco más de un metro de largo y medio metro de diámetro. Eran cortados para ser enviados. Dos brazos «flacos» de pino se inclinaban a las puertas de un vagón desde el suelo. Y entonces los troncos se traían al patio para el transporte. Mi padre compraba esos troncos y los hacía rodar, patines arriba, dentro de los carros. No hacía el trabajo solo, por supuesto. Hombres contratados ayudaban. Siempre me asombraron su fuerza y destreza para manipular los troncos; podían tomar uno y volcarlo sobre sus rodillas para hacer pilas de medio metro de altura en los vagones.

Mi padre también compraba algodón en Pine, y recuerdo que yo jugaba sobre esas pacas de algodón entre la tienda y la casa. El algodón llegó a ser tan barato en cierto momento que papá quemaba pacas de algodón porque no valían nada. También recuerdo que la carne de res en cierta época era tan barata que la gente no podía pagar la cría de ganado, el costo del alimento era más de lo que podían obtener por el animal una vez que este había crecido.

Además de los abarrotes, nuestra familia tenía un gran almacén de papas donde la gente traía sus tubérculos para ser lavados, clasificados y almacenados hasta que los despachaban por tren. Cuando apenas tenía diez años de edad, yo colgaba sacos de papas en un lugar al lado de la tienda. Mi padre compraba papas por lote, y yo las dirigía dentro de las bolsas para la reventa. Ganaba un dólar a la semana haciendo eso, y me gastaba ese dinero yendo a Pittsburg a ver películas mientras disfrutaba comiéndome una bolsa de palomitas de maíz.

La iglesia y la escuela inicialmente estaban situadas en el mismo edificio, pero para el momento en que nací, la ciudad tenía una iglesia y una escuela en edificios separados. El edificio escolar tenía dos salones principales separados por uno central y un cuarto más grande que servía como auditorio. Dos maestros y un director instruían a cerca de 40 niños en total en los ocho grados.

Hoy, todo lo que queda en Pine, es la Iglesia Bautista de Pine, el Almacén Pine, el Centro Comunitario Pine y varias ventas de pollos.

Lecciones en cuanto a trabajar y vender

Pine no podría haber tenido mucho que ofrecer en cuanto a lujo o prosperidad, pero sí tenía muchas oportunidades de trabajo. Aprendí a trabajar desde niño, específicamente a vender.

Vivíamos a doscientos o trescientos metros detrás de la tienda. Y mientras crecía, una de las cosas que consideraba especial era la Coca-Cola. Con frecuencia iba a la tienda a pedirle una a mi padre. Cuando tenía solo seis años, él me enseñó lo que significaba ser empresario. Le pedí una Coca-Cola un día, y me dijo: «Muy bien, Bo, puedes tener una, pero lo que quiero que hagas primero es que lleves seis Coca-Colas a la desmontadora», la cual pertenecía a Calvin Gunn, mi abuelo, «las vendas y me traigas el dinero. Así te daré una». Vendí seis Coca-Colas, cada una por cinco centavos, y por eso obtuve una gratis. ¡Estaba vendiendo por comisión!

Arrastrar un paquete de seis Cocas a la desmontadora era un esfuerzo mayor para mí como niño, así que tuve una segunda oportunidad para aprender, inventar algo que pudiera hacer mi trabajo más sencillo. Construí un pequeño vagón con un conjunto de ruedas. Tomé dos listones de madera y los corté del largo de los ejes de las ruedas por delante y por detrás. Uní las ruedas y luego las conecté con los listones de madera. Esto dio al vagón un radio de giro en la parte frontal, guiado por una cuerda de hierba que yo sostenía en mi mano. En la parte superior del «vagón» coloqué una caja de papas, y puse mis Cocas en esa caja. No estoy seguro de dónde aprendí a hacer ese pequeño vagón. Solo parecía algo obvio para mí como un medio para hacer mi trabajo más fácil. Y hacía el trabajo.

Descubrí que vender las Coca-Colas era fácil, pero recolectar el dinero de las bebidas era difícil algunas veces. Cada hombre decía: «Te acabo de pagar, Bo. Aquel hombre de allá es quien no te ha pagado». Aprendí a seguir la pista de cerca a quien no había pagado cuando y finalmente aprendí a entregarle una Coca-Cola a alguien solo si me entregaba cinco centavos de vuelta.

Siempre sentí cierto orgullo y satisfacción después que recolectaba todo el dinero y empujaba mi vagón vacío regresando por el camino polvoriento hacia la tienda para recoger el premio a mi empresa. Esas Coca-Colas que gané tenían un sabor especial.

Esa fue mi primera experiencia ganando dinero. Lo llevaba con orgullo en mi bolsillo, como cualquiera que tuviera dinero. Nadie lo tenía de sobra a mediados de 1930. La gente solo tenía el dinero de sus bolsillos. Y nadie sabía con seguridad cuándo podía venir la próxima cantidad pequeña de dinero.

La atmósfera era de supervivencia. Todavía tengo ese sentimiento hoy en el foso de mi estómago. Es un sentimiento que me llevó a trabajar duro, a ser posiblemente un adicto al trabajo. Es un sentimiento que no desaparece, sin importar cuánto dinero pueda haber en el banco o en la billetera.

Lecciones en una áspera e inestable atmósfera de supervivencia

Las lecciones de supervivencia fueron destacadas por el simple hecho de que vivíamos en el este de Texas, donde ocasionalmente había tormentas violentas.

En 1936 una tormenta sopló en Pine desde el oeste. Levantó el techo de la tienda y el de la oficina postal. Aterrizó en nuestra casa, al este de la tienda. La tormenta también golpeó nuestro garaje y lo levantó alrededor de nuestro viejo carro modelo T. El garaje voló, pero el carro permaneció donde estaba. Teníamos unos vecinos hacia el sur, aproximadamente a ciento cincuenta metros de distancia, y su casa voló. El almacén de papas tenía bases de concreto, y nosotros usamos esa fundación plana y vacía durante muchos años como pista para los bailes típicos las noches de los viernes y sábados. La gente joven, en un radio aproximado de ocho kilómetros, venía a esos bailes.

Lecciones para cuidado de animales

También aprendí a cuidar a los animales cuando era niño. Teníamos una vaca Jersey llamada Heart. Heart pastaba al lado del ferrocarril que corría al oeste de la tienda. Este ferrocarril, que venía a través de Pine, se llamaba Cotton Belt. Corría desde St. Louis, Missouri, hasta Tyler, Texas. Tréboles silvestres crecían a lo largo de los rieles del ferrocarril, y Heart siempre pastaba ahí. Mi trabajo era asegurarme, al final de la tarde, de que Heart había sido llevada de regreso a nuestro propio patio para que cuando papá cerrara la tienda y la oficina postal al atardecer y llegara a casa, pudiera ordeñarla. La leche de esa vaca en realidad era nuestra principal fuente de proteína.

No, no criábamos pollos. Eso vino después.

Lecciones de amistad

Tuve varios amigos cuando era pequeño, algunos un año o dos más que yo, otros uno o dos menos que yo. Íbamos a la escuela juntos, a la iglesia, jugábamos y hacíamos travesuras juntos. Éramos *muchachos*, y esa es la mejor excusa que puedo ofrecer para algunas de las cosas que hicimos.

Recuerdo claramente los tiempos cuando J.S. Hackler vino a Pine vendiendo Coca-Cola en su camión a mi padre. Los muchachos estábamos afuera y nos escondimos en una zanja cerca de la tienda. A medida que J.S. retrocedía y se dirigía al sur por el caminito de polvo, nosotros corríamos al lado del camión y halábamos las Coca-Colas expuestas fuera de sus cajas y las tirábamos en el suave polvo de la zanja al lado del camino. No sé si J.S. nos permitía hacerlo o no, pero pensábamos que estábamos haciendo «algo grande» para sacar esas bebidas del camión. No estoy seguro de que alguna vez consideráramos que robábamos. Adquirir Coca-Colas del camión de J.S. Hackler era un juego para nosotros, y todos ansiábamos ganar.

Lecciones de fe y vida

No es que creciera sin un sentido de lo bueno y lo malo. Para el momento en que nací, la Pine Baptist Church tenía cerca de 30 miembros; casi la mitad de ellos eran residentes de Pine, y el resto venía de granjas cercanas y hasta de comunidades más pequeñas. El presupuesto para el año 1930 era enorme: 218 dólares. Los niños Pilgrim asistíamos con regularidad. Yo crecí conociendo los Diez Mandamientos y las historias bíblicas.

Papá también estaba presto a decirme la forma correcta de vivir. Nunca olvidaré el día en que papá me cuestionó respecto a si yo había fumado. Mis amigos y yo habíamos robado algo de tabaco Bull Dirham y lo escondimos en el depósito, un poco al sur de la tienda. Algunos de nosotros, de ocho o nueve años de edad para esa época, íbamos al depósito a fumar en cualquier momento que pudiéramos escaparnos de nuestras familias y de nuestros coros. Íbamos al depósito porque no estaba activo en ese tiempo. Papá olió el humo en mi ropa después que yo había llevado a Heart de regreso a casa una noche, y me dio un verdadero discurso en cuanto a fumar que nunca olvidé. Dejé de hacerlo y nunca fumé excepto por algunos cigarrillos cuando estaba en el servicio militar durante la guerra de Corea.

Un muchacho en camino

Al recordar algunas de esas lecciones básicas de mis primeros días en Pine, recuerdo más claramente y con el mayor placer los días cuando jugaba con mis amigos de la niñez: Rayford Taylor, Bruce Taylor y James Shaddix en la arena, debajo del frente de nuestra casa. En Pine, uno o jugaba con arena o con lodo.

La gente no construía bases de nivel para sus casas de la manera en que lo hace ahora. Nuestra casa estaba en una colina pequeña con la parte trasera de la casa en el lado más alto de la colina y postes sosteniendo la parte frontal de la casa en el lado más bajo de la colina. Este tipo de construcción resultaba en un espacio que se dejaba debajo del frente de la casa. Ese era mi patio de juegos.

Mis amigos y yo jugábamos lo que llamábamos «carros», por supuesto que yo no tenía uno. Solo tuve una patineta de acero. Le sacaba la hebilla y giraba la patineta para que el talón de esta me pareciera el frente de un camión y la parte plana de la patineta venía a ser la cama trasera del camión. Yo cavé un sistema de caminos en la arena bajo la casa. Mi camión cubría miles de caminos de polvo en determinada semana; los caminos, por supuesto, estaban entrelazados en un patrón bastante elaborado bajo esa vieja casa de madera.

Mis amigos y yo jugábamos lo que llamábamos «carros», por supuesto que yo no tenía uno. Solo tuve una patineta de acero. Le sacaba la hebilla y giraba la patineta para que el talón de esta me pareciera el frente de un camión y la parte plana de la patineta venía a ser la cama trasera del camión.

Todo esto estaba en mi imaginación, pero hasta como niño, estaba yendo a algún lugar. Siempre era una alegría para mí jugar con mi sistema de caminos y mi camión… conduciendo mi vehículo por los caminos a diferentes lugares que estaban también en mi imaginación. Nunca he olvidado ese espacio y ese tiempo. Recuerdo aquellos días con gran placer.

Eso no quería decir, sin embargo, que alguna vez imaginé vivir en otro lugar que no fuera Pine. No estaba soñando con ir a algún lugar lejos de casa. Estaba soñando con ir a algún lugar *en la vida*. Era un muchacho siempre en camino, siempre en movimiento. Y si alguien podía llegar a algún lugar más rápido corriendo, yo corría. Mis amigos recuerdan que después de la escuela, con frecuencia íbamos a la tienda de alimentos de mi padre… corriendo.

De alguna manera siempre lograba llegar primero. Si alguien podía llegar allí más rápido conduciendo un vehículo, aunque le fuera difícil ver por encima del tablero del auto y fuera demasiado joven para tener una licencia de conducir, ¡Ese era yo!

Tenía la misma energía incorporada que todavía tengo hoy.

Me maravillo a veces de que el camión imaginario en mis caminos, también imaginarios, se convirtiera en una flota de vehículos que pertenecen a Pilgrim's Pride. Tenemos casi 5.000 camiones en total, incluso los de dieciocho ruedas andando todos los días para llevar comida a las granjas donde nuestros pollos pequeños están creciendo, para llevar los pollos grandes a las plantas de procesamiento, y los pollos procesados a los vendedores al por mayor. ¡Estos camiones viajaron 13.000.000 de kilómetros el año pasado! Ellos presentan un registro de seguridad muy impresionante de solo .65 accidentes por millón y medio de kilómetros; el promedio nacional es de 1.78. La división de transporte también tiene camiones pesados, carros y camionetas, remolques y equipo fuera del camino. Todos van *a algún lugar* todos los días.

Y yo también.

Tres días que cambiaron mi joven vida para siempre

Tres días en mi vida de muchacho cambiaron mi vida para siempre. El primero fue el día en que mi amado padre murió de un ataque al corazón, el 11 de abril de 1939. Tenía 10 años. Las cosas nunca fueron las mismas para mí. Mi madre se encargó de la tienda y la trabajó por otros veinte años. Además, se convirtió en la administradora de la oficina de correos. Luego le vendió la tienda a mi hermano mayor, Harold.

Pocos domingos después de que mi padre muriera, me entregué a Jesucristo. Sabía que necesitaba hacer eso si quería estar con él en el cielo algún día. «Mi amor por mi padre fue una fuerte motivación para que aceptara el amor de mi Padre celestial. Nunca me he arrepentido de esa decisión, ni nunca he vuelto atrás». Este fue el segundo día que cambió mi vida para siempre.

El tercero ocurrió cuando tenía trece años de edad. Mi madre se casó de nuevo después de la muerte de mi padre. Y pensé que no debía haberlo hecho. Mi opinión estaba muy influenciada por mi abuela paterna, Ada Pilgrim, y mi tía Eva. Sus opiniones apoyaban mis intensos sentimientos de lealtad y amor por mi padre. En muchas maneras, sentía que mi madre estaba traicionando la excelencia de mi padre y remplazándolo en su corazón. Esto era impensable para mí a la edad de trece años.

Así que di un paso muy dramático al dejar la casa de mi madre y mudarme a la que compartían mi abuela y mi tía. Me fui de la casa con escasísimas pertenencias personales, nueve cerdos que estaba criando para el momento como un proyecto de Lone Star Farmers, y un saco de cien libras de comida para cerdos.

Me fui de la casa con escasísimas pertenencias personales, nueve cerdos que estaba criando para el momento como un proyecto de Lone Star Farmers, y un saco de cien libras de comida para cerdos.

Mi abuelo había muerto algún tiempo antes que yo me mudara, así que por algunos años, fueron solo mi abuela, la tía Eva y Bo trabajando en la granja de mi abuela. Viví allí durante mis días de secundaria.

No teníamos agua, ni electricidad, ni dinero en la granja de mi abuela. Cultivábamos los alimentos que comíamos. Mi abuela también tenía tierra alquilada a cultivadores que pagaban con comida. Envasábamos guisantes y maíz, y criábamos pollos en el patio. Esa fue mi primera experiencia criando aves.

Estos pollos corrían en el patio y, dado que no teníamos una cortadora de césped, lo podábamos al ras de la arena para que los pollos pudieran escarbarla. Cubríamos sus desechos para no llevarlos hasta la casa. Las gallinas viejas ponían huevos en la hierba y se sentaban sobre ellos e incubaban los pollos bebé. Luego mudábamos la gallina y los pollos bebé a una pequeña casa que parecía una perrerita. Los pollos seguían a la gallina dentro de la casa en la noche, y tomábamos una tabla y la colocábamos frente a la puerta de la casa, para que las culebras, armadillos, zarigüeyas, mapaches y cualquier otro animal que pudiera estar acechando el vecindario no pudiera alcanzarlos.

Criábamos los pollos alimentándolos con maíz que producíamos en la granja. Teníamos que pelar ese maíz, por supuesto. El pelador estaba sujeto a una caja, y después que una espiga era desconchada, se colocaba en el pelador y se presionaba a través del molino. Dábamos algo del maíz a los pollos y vendíamos el resto a un vendedor ambulante cuando llegaba a la ciudad. Intercambiábamos pollos extra por café y té y otras cosas que no podíamos producir en la granja.

Además de los pollos, comíamos puerco. Cuando el clima se ponía lo suficientemente frío para mantener la carne fresca, matábamos un cerdo y lo aderezábamos. Colgábamos por lo menos parte de la carne de las vigas del lugar donde se ahumaba. La carne se raspaba a mano utilizando diferentes tipos de aderezo y agentes curantes. Esa era nuestra fuente de carnes que no se agotaba durante varios meses.

Aprendí a cortar puerco curado con sal que había estado colgando en el cobertizo... a utilizar un cucharón común en el cubo del agua... a avivar una estufa con madera... y a lavarme en un lavabo en el porche. Trabajaba en la tienda de alimentos Alton Hill's después de la escuela y los sábados. También empaquetaba sacos de veinte kilogramos de harina y sacos de cuarenta y cinco kilogramos de trigo. ¡Podría haber sido joven, pero era fuerte! Durante algún tiempo, también trabajé por las noches paleando suciedad dentro de camiones de basura de tres metros.

El primer día que dejé la casa para vivir con mi abuela, caminé hacia el frente a un pequeño montículo que no tenía hierba. Me senté ahí en el sucio. Se hacía tarde en el día, y mientras miraba al oeste, el sol comenzaba a caer. Lo sentí como el momento de un nuevo comienzo para mí;

con certeza este fue un momento de gran cambio. Comencé a orar, y mientras le hablaba a Jesús, le dije que si alguna vez ascendía a algo, siempre le daría el crédito a Él.

Todavía estoy obligado a eso. He pasado mi juventud y mi vida adulta haciendo mi mejor esfuerzo para darle a Él el crédito por cualquier cosa que yo logre. Ahora tengo 77 años, y ese compromiso con el Señor todavía es parte de mi deseo, no ser una celebridad por mí mismo sino por Él. Esta fue una decisión que cambió y continúa dándole forma a mi vida.

Cosas con las cuales contar y considerar preciosas

Aprendí desde mis recuerdos más tempranos que existen solo pocas cosas con las cuales una persona puede contar en su vida: la presencia de Dios y la fe, los lazos familiares, la camaradería de los amigos, la importancia del trabajo duro y la necesidad de ser responsable por uno mismo y utilizar la inteligencia, destrezas y habilidades de uno para alcanzar los sueños dados por Dios. También aprendí que la razón principal para vivir es dar gloria a Dios el Creador, aquel que nos da todo lo que tenemos y que nos transforma en cualquier cosa que seremos alguna vez.

No puedo pensar en otra lección más importante para que un muchacho aprenda, o para que una persona de cualquier edad aprenda. Nunca me he lamentado de ser un muchacho de Pine, Texas. Esa niñez me dio todo lo que necesitaba como fundamento para la vida.

Guarda el buen depósito por el Espíritu Santo que mora en nosotros
(2 Timoteo 1.14).

2

Motivado por la supervivencia
y cautivado por la oportunidad

Una de las principales fuentes de dinero en Camp County a principios de 1930 era la destilación ilegal de alcohol. Aunque era menor de edad, yo manejaba un camión despachando azúcar y centeno en la parte baja del río, para mi hermano Harold, que trabajaba con mi madre en la tienda después que mi padre murió. Yo hacía rodar los sacos de azúcar y centeno fuera del camión sobre mis rodillas, luego los levantaba lo mejor que podía, los llevaba al lado del camino y los dejaba ahí. Para el momento en que conducía el camión a la cima de la colina para regresar y pasar por donde había hecho rodar las provisiones... estas habían desaparecido. Nunca vi quien las recogía. Sabíamos que las provisiones eran para la destilación ilegal de alcohol, pero nunca vimos a los destiladores ni supimos dónde se vendía ese producto.

Las películas y los programas de televisión de alguna manera han hecho atractivo el negocio de la destilación, pero permítame asegurarle que hubiera sido un trabajo difícil. La mayoría de las operaciones de destilación ilegal de alcohol estaban en lo profundo del bosque, lejos de la casa de alguno.

Los alambiques estaban conectados a barriles de cuarenta litros que podían producir veinte litros de licor. Esto generalmente tenía que ser transportado fuera del bosque en los hombros de la persona. Llevar la destilación a alguna forma de mercado significaba tratar de burlar a los oficiales de la ley que siempre estaban buscando a los destiladores. Con mucha frecuencia, los alambiques tenían que ser volteados y movidos cada pocos meses con el fin de estar un paso adelante de la ley. Era una forma pobre de ganarse la vida. Estoy agradecido de que nunca tuve que hacer esa clase de trabajo. Pero también sé lo que significa estar motivado por la necesidad de *supervivencia*. Esa era la motivación para casi todo lo que mi hermano Aubrey y yo hacíamos en nuestros últimos años de adolescencia y los primeros de adultos.

Aubrey fue el que me inició en el negocio de los pollos. Realmente me metió en el negocio de las tiendas de alimentos que *se convirtieron* en el negocio de los pollos.

Aubrey se unió con Pat Johns para comprar una tienda de alimentos y semillas del tío de Pat, W.W. Weems, en Pittsburg, Texas. El precio era 3.500 dólares. Ellos pusieron 1.000 dólares y firmaron una nota con pagos de 100 dólares al mes al seis por ciento de interés. Un documento sencillo escrito en dos páginas selló el trato entre mi hermano y Pat. Este era el contrato más simple con los términos más sencillos. Estaba fechado 2 de octubre de 1946. Ellos llamaron a su tienda Farmer's Feed and Seed Co., y estaba situada en la calle 115 Compress, no muy lejos de la intersección de dos ferrocarriles en el centro de Pittsburg.

Aubrey y Pat no eran hombres ricos, estaban muy lejos de eso. Para el momento en que compraron la tienda de alimentos de Weems, corría el rumor de que cada hombre pensaba que el otro tenía mucho más de los 500 dólares que estaba invirtiendo en la empresa. ¡En verdad, 500 dólares era casi lo que valía cada uno de ellos! La tienda de alimentos era un gran riesgo para ambos.

Cuando asumieron la propiedad de la tienda de alimentos, los precios de las granjas estaban en su nivel más alto desde 1920. La provisión de pollo era poca y, en general, los estadounidenses estaban encarando una severa crisis de carne. Algunas personas hasta habían comenzado a comer carne de caballo. En Camp County, donde está situada Pittsburg, el ingreso agrícola en 1946 provenía mayormente de granjas de hileras de cosechas, tales como batatas, papas irlandesas, algodón, maíz y sorgo. Había más mulas y vagones que tractores en nuestra parte de la nación.

Mi hermano Aubrey sabía muy poco acerca de alimentos y semillas. Él había estado transportando gravilla como forma de vida. En esos días, no había palas mecánicas. La gravilla tenía que palearse y recogerse en camiones a mano. Aubrey transportaba gravilla al Red River Arsenal cerca de Texarkana donde se almacenaban las municiones militares. Hizo eso hasta que los supervisores del arsenal se dieron cuenta de que los frenos no funcionaban muy bien en dos camiones de Aubrey por lo que temían que pudiera estrellarse contra uno de los edificios y hacer volar a todos. Aubrey también había tratado de transportar ganado a los corrales de Forth Worth, pero eso tampoco era muy rentable.

No estuve en ese primer trato, pero sí en los locales. Aubrey y Pat me permitieron tener una «oficina» en el almacén trasero. Mi escritorio era un tablón de madera que descansaba sobre dos burros. Y tenía un teléfono. Yo utilizaba esa oficina para asumir lo que había sido el negocio de camiones de Aubrey. Arreglé varios trabajos que se relacionaban mayormente con el transporte de gravilla desde las canteras a los sitios de construcción, muchos de los cuales estaban en el área local. También usábamos nuestros dos camiones de gravilla, un Chevrolet 1940 y un Ford 1936, para transportar y esparcir gravilla sobre los caminos de Pittsburg por el precio de seis dólares por una carga de tres metros vertida y esparcida. En aquellos días, la mayor parte del oriente de Texas no podía pagar concreto y asfalto para los caminos residenciales. Un camino de gravilla era lo normal.

Yo también conducía un camión para la tienda de alimentos por el salario de 50 centavos la hora. Era un Diamond «T» de 1945, con un remolque Nabor de 1946. Todavía tenemos ese remolque de ochenta y cuatro metros de eje sencillo.

No había nada ni remotamente cercano a un plan a largo plazo ni estratégico ni de negocios asociado con Farmer's Feed and Seed Co. Dudo que hubiera ni siquiera mucho tiempo para soñar despierto acerca de un futuro. Trabajábamos largas horas, a veces transportando una carga de guisantes al Cass County Canning Co. en Atlanta, Texas, sin volver a casa hasta las tres de la mañana, y regresando a la tienda a abrir a las siete. Doris, la esposa de Aubrey, que recuerda esos días, una vez dijo acerca de mi hermano: «Estaba demasiado ocupado para sentirse emocionado».

El hecho es que todo se trataba de *sobrevivir*.

Sobrevivir significaba mantener los camiones en reparación, lo cual parecía ser casi un trabajo de tiempo completo.

Sobrevivir significaba hacer cosas extra que no tenían nada que ver con el precio del alimento o la semilla, tales como seleccionar entre los montones de sacos de alimento SunGlo hasta encontrar uno con un patrón impreso que coincidiera con el que el cliente había comprado previamente, ya que el objetivo final de ese cliente era hacer un artículo de vestir para la familia con esos sacos.

Sobrevivir significaba conocer las expectativas de un cliente para que se convirtiera en cliente *asiduo*.

Y de muchas maneras, la supervivencia no es un mal enfoque para comenzar cualquier negocio.

Cómo aprovechar una oportunidad

La temprana sociedad entre mi hermano Aubrey y Pat Johns no duró mucho. Pat decidió que quería vender antes del primer año. No le gustaba preocuparse por la deuda y se sentía más feliz haciendo trabajo agrícola y conduciendo un camión. En efecto, cuando vendió su mitad, se quedó con un camión de la sociedad de la tienda de alimentos.

Después que Pat anunció que se iba, mi hermano Aubrey me preguntó si quería unírmele en la administración de la tienda de alimentos y semillas. Yo había pensado un poco al respecto, así que mi respuesta fue rápida y sencilla: «Sí, quiero».

Mi amigo Reggie Wallace, que trabajó conmigo por más de 50 años, recordó una vez que «todo lo que teníamos al principio era una silla de paseo de dos ruedas, una pala, algunos sacos de arpillera y las grandes ideas de Bo». La mayoría de mis ideas eran en cuanto a vender al principio. Yo no sabía mucho más que Aubrey acerca de alimentos y semillas, pero sabía un poco acerca de vender bienes y servicios a la gente del área. Manejamos camiones de basura y vendimos fertilizante, arados, arneses y algunos repuestos para tractores. Vendíamos alimento, no solo para pollos, sino también para cerdos, vacas, caballos y mulas. Teníamos un pequeño corral para gallinas vivas que la gente compraba y criaba para su consumo en el hogar.

> *Mi amigo Reggie Wallace, que trabajó conmigo por más de 50 años, recordó una vez que «todo lo que teníamos al principio era una silla de paseo de dos ruedas, una pala, algunos sacos de arpillera y las grandes ideas de Bo».*

Yo también tenía deseos de ver las cosas funcionar de una manera más coordinada, eficiente y productiva. La misma perspectiva que tenía cuando era un niño pequeño construyendo un vagón para transportar Coca-Colas a la desmontadora encontró una oportunidad de expresión en la tienda de alimento y semilla. El primer año que estuve con mi hermano como socio agregamos un almacén a la tienda y con él, una rampa de carga, un foso de descarga y un elevador para llevar alimento a una máquina empaquetadora, y una máquina de coser eléctrica para los sacos de alimento. Yo estaba especialmente orgulloso de las innovaciones que estábamos haciendo porque mucho del diseño del elevador y la máquina empaquetadora fue mi idea. El aspecto de ingeniería de mi personalidad y habilidad había encontrado una salida.

Estos cambios en los equipos nos permitieron hacer algunas cosas. En primer lugar, no perdimos más grano a través de las grietas del suelo en nuestra tienda de alimentos.

En segundo lugar, podíamos vender cargas de alimentos fuera del almacén. Antes de que colocáramos ese primer elevador de grano, habíamos tenido que cargar los camiones con grano a pala en mano, una palada a la vez. El cliente hacía retroceder su camión hasta el nuestro, parte trasera contra parte trasera. Luego entrábamos con una pala y comenzábamos a llenar sacos de alimento y a apilarlos en el camión vacío. Trabajábamos hasta que empaquetábamos una carga de camión de grano. Tres hombres podían echar cinco toneladas en una hora. El elevador de grano nos permitió levantar alimento en cubos y luego verter ese grano en los sacos de cuarenta y cinco kilogramos. Tuvimos ahorros tremendos de tiempo y esfuerzo.

Moviendo los sacos de semilla y alimento fuera de la tienda y hacia el almacén, teníamos espacio en las repisas de la tienda para otros productos agrícolas, tales como alambre, clavos y estaño.

Comenzamos a crecer.

Quizás más importante, comenzamos a crecer de una forma que, mirando atrás, era un conjunto de pasos pequeños pero integrados. No sabíamos en el momento, por supuesto, que nuestros pasos estaban vinculados de alguna manera. Simplemente estábamos respondiendo a una oportunidad tras otra. En retrospectiva, las piezas de un rompecabezas bastante elaborado estaban comenzando a caer en su lugar.

PASOS PEQUEÑOS PERO INTEGRADOS

Puede ser útil para usted en este punto tener una imagen un poco mejor del proceso general de crecimiento y producción relacionado a la industria avícola. Así va:

Pollos de criaderos, comprados en instalaciones de criaderos primarias, crecen para convertirse en reserva de padres de criadero.

Los padres de criadero producen huevos para incubar.

Las incubadoras convierten los huevos en pollos.

Los molinos de alimento producen la materia alimenticia para los pollos de criaderos, los padres de criaderos y los pollos.

Criadores contratados y *granjas propiedad de compañías* crían a los pollos bebé en pollos.

Una operación conocida como *transporte vivo* atrapa los pollos y los transporta a las plantas procesadoras.

Las plantas procesadoras preparan los pollos para el consumo y el procesamiento posterior.

El mercado vende los productos.

La operación de distribución es responsable de almacenar y entregar los productos a los clientes.

Los términos *producción viva, producción en granja* y *crecimiento-fuera* se refieren todos a los procesos necesarios para criar un pollo que esté listo para el procesamiento, o todos los procesos que preceden la planta procesadora.

Cuando todas estas piezas se unen en una agroempresa, uno tiene lo que se conoce como una *integración vertical*. Mucho dinero, tiempo y esfuerzo pueden ahorrarse cuando una compañía se involucra en todos los aspectos del proceso.

Añadiendo un almacén, un elevador de grano y una máquina empaquetadora a nuestra operación, estábamos dando nuestros primeros pequeños pasos para convertirnos en un negocio avícola totalmente integrado.

La integración vertical de nuestra operación dio un segundo salto en 1950 cuando, a petición de la Cámara de Comercio, compramos el Hudson Cotton Gin y lo convertimos en un molino de alimento.

Escuché acerca de un molino de harina en Arkadelphia, Arkansas, que había quebrado y cerrado, así que sabía que ciertas piezas de equipos iban a estar disponibles por un buen precio. Aubrey y yo, sin embargo, conseguíamos créditos en el banco local. Fuimos con el doctor L.H. Pitt, un dentista en Pittsburg que era el director del banco, y personalmente le pedimos prestados 10.000 dólares para establecer el nuevo molino de alimento.

Fui a Arkadelphia y compré dos molinos de rodillos de una empresa moledora de harina, los desarmamos dentro del edificio de ladrillos de cinco pisos, y luego los dejamos caer con elevadores de cadenas. Los instalamos en el molino de alimentos en Pittsburg, y antes de que pasara mucho tiempo, estábamos rizando hojuelas y cascando mijo con una de las unidades. Usábamos la otra para desgranar maíz. El molino nos permitió vender grano a otros mezcladores de alimento a lo largo del este de Texas.

Muchos de los clientes eran personas en el negocio avícola en Camp County, que para el momento tenía cerca de 3.000 polleras (instalaciones para criar pollos). Cualquier criador de pollos podía esperar producir cuatro lotes de pollos al año, lo que significaba que el condado típico estaba produciendo cerca de 12.000 pollos al año.

Algunas de las polleras en aquellos días eran bastante pequeñas. En Pittsburg, un joyero con el nombre de A. H. Skipper tenía una detrás de su casa en Elm Street. Varias personas las tenían.

Un criador de hoy podría tener una docena de polleras en una granja, cada una conteniendo 20.000 pollos; una sola granja puede criar tanto como 1.000.000 de aves al año.

Para nosotros, el molino de alimento era el tercer diente en nuestro negocio, estábamos procesando alimento, vendiéndolo a los criadores de pollos, y en la tienda, proveíamos pollos y comprábamos los pollos sobrantes de los criadores para la reventa. Esos elementos funcionaban juntos en una forma integrada. Ciertamente no conocíamos el término *integración vertical* en esos días; solo estábamos comenzando a hacerlo.

También estábamos haciendo más y más contactos en el área principal del este de Texas. Cerca del mismo momento en que surgió la oportunidad del molino, fui a Texas A&M para un curso de cinco semanas en el cual aprendí a clasificar el algodón y a determinar la grapa, la longitud de las fibras de algodón. Regresé a Pittsburg y comencé a comprar y a vender algodón. Digo esto porque quiero que sepa que no estábamos *enfocados* en nuestros esfuerzos avícolas en ese momento. Estábamos concentrados, sin embargo, en ver cómo podríamos trabajar con granjeros y relacionarnos con granjas y ser parte de una compañía agromercantil más grande que hiciera más que vender productos en una tienda.

Para nosotros, el molino de alimento era el tercer diente en nuestro negocio, estábamos procesando alimento, vendiéndolo a los criadores de pollos, y en la tienda, proveíamos pollos y comprábamos los pollos sobrantes de los criadores para la reventa. Esos elementos funcionaban juntos en una forma integrada. Ciertamente no conocíamos el término integración vertical en esos días; solo estábamos comenzando a hacerlo.

El enfoque en los pollos y huevos surgió de forma muy natural; esta fue la próxima oportunidad que se nos reveló por sí sola.

Los pollos y los huevos toman el escenario central

Tal como fue el caso en la historia de la creación de la Biblia, los pollos vinieron primero en Pilgrim's Pride. Después la producción de huevos.

Como mencioné en el capítulo anterior, primero aprendí acerca de los pollos en el patio de mi abuela. Aprendí mucho con solo mirarlos.

Aprendí que una gallina volteaba sus huevos con su pico y que también me pica si pongo mi mano en el gallinero. Aprendí cómo alimentar a los pollos y cómo desconchar maíz utilizando una desconchadora de maíz manual. Aprendí cómo negociar pollos excedentes por los artículos que necesitábamos. Y por supuesto, aprendí mucho solo por ser consumidor. Nuestro primer mercado para los pollos éramos nosotros mismos, ¡muslos acompañados de aderezo y panecillos hechos en casa!

Como parte de la operación de Farmer's Feed and Seed, vendíamos pollos bebés así como el alimento para ellos. Desarrollamos una relación de doble vía con varios granjeros, comprando sus productos excedentes para la reventa en la tienda.

¿Cómo funcionaba esto?

Vendíamos quizás cien pollos bebé y un saco de alimento a un cliente que llevaba los pollos a casa y los criaba en el patio. Él utilizaba la mayoría de los pollos para las necesidades de su familia, pero nos traía algunos de vuelta para venderlos en la tienda de alimentos. Los colocábamos en un corral cerca de la tienda y la gente compraba algunos. Escogían el que les gustara y luego era asunto mío, muchas veces, atrapar al pollo usando un gancho de alambre alrededor de su muslo. Invariablemente era el pollo que estaba en la esquina más alejada del corral.

Aubrey y yo sabíamos un poco acerca de lo que significaba criar pollos en una pollera. Habíamos construido nuestra primera pollera en Pine, en 1945, en la granja de la familia antes de que Aubrey entrara en el negocio de la tienda de alimentos. La pollera que construimos era pequeña para los estándares de ese momento. No fue sino hasta los primeros años de 1950 que la gente comenzó a construir polleras para criar lotes de 3.000 pollos al mismo tiempo.

Dado que ya estábamos en el negocio de comprar unos pocos pollos excedentes aquí y allá de nuestros clientes de la tienda de alimentos, fue una progresión pasar a comprarles a la gente que tenía polleras y transportar esas aves en nuestros camiones a las áreas de Dallas y Fort Worth para la venta. En aquellos días, los criadores mantenían la «propiedad» de los pollos. Nosotros simplemente los transportábamos para ellos y, a su tiempo, comenzamos a comprarles a los granjeros y a vender a los clientes en algo como un arreglo de agencia. Tuvimos varias reuniones de criadores en esos días, completas con parrilla y música, para encontrarnos con los criadores y solicitarles el negocio.

En 1958 entramos en lo que llamo el «Período de propiedad del pollo». En otras palabras, en vez de vender pollos a nuestros clientes, contratábamos criadores para que los criaran para nosotros. Utilizábamos alimento provisto por nuestro molino o, en algunos casos, por Purina o Quaker Oats.

Previo a esto, los criadores habían comprado su propio alimento y sus pollos, y luego nos vendían de vuelta los pollos criados para la reventa a las plantas procesadoras. Si el criador hacía dinero, pagaba su cuenta por el alimento, pero si *no* ganaba mucho, nos dejaba a nosotros llevar la carga de su cuenta por el alimento. Decidimos que era mejor ser propietarios del alimento y de los pollos en vez de correr ese riesgo.

El trato era bueno para los criadores también. Tenían una clase de trabajo en el que las muchas conjeturas los perturbaban. Proveíamos el alimento, los pollos y, a su tiempo, la experiencia acerca de las mejores prácticas gerenciales, desde la temperatura de las polleras hasta el horario de producción, todo lo que hacía una situación en la que tanto los criadores como nosotros ganábamos.

Este cambio en nuestra empresa significó que no solo nos involucráramos en el molino de alimento y en el negocio de la venta de alimentos, sino también en los de cría y transporte de pollos.

Los criadores con quienes hicimos arreglos estaban prestos a expandirse, y pareció que de la noche a la mañana encarábamos un problema para suplir de pollos a nuestras granjas satélites. Inicialmente comprábamos pollos para la tienda de alimentos a Swift y otras incubadoras. Ellos no fueron capaces de satisfacer nuestra creciente demanda de aves. Un hombre llamado Chemmel, que tenía incubadoras por todo Estados Unidos, abrió una incubadora en Mount Pleasant y quebró. Aubrey y yo compramos el negocio en 1958 y trajimos a James Dennis para administrarla. Esa fue nuestra entrada al negocio de las incubadoras, y nos colocó en capacidad de tener la «propiedad» del pollo desde el huevo hasta la planta procesadora.

Mudamos la incubadora a Pittsburg y la hicimos parte de nuestro nuevo local de la tienda de alimentos en Market Street. Habíamos comprado esas instalaciones más grandes a la Magnolia Grocery Co., y todavía hoy alberga a la tienda Pilgrim's Pride Farm Supply.

A medida que aprendíamos más acerca de incubar y criar pollos, también tomábamos un curso veloz de venta de pollos. Estábamos aprendiendo a quién podíamos vender, cómo vender, y cómo obtener el mejor precio de diferentes crías y tamaños de pollos. Vendimos cierto número de nuestros pollos a plantas procesadoras en Terrell, Corsicana y París, todos pueblos de Texas. También vendíamos aves vivas a clientes en ciudades más grandes en Texas.

Las relaciones que establecimos en los cincuenta con los criadores de pollos continúan hasta este día. Muchos de nuestros criadores por contrato han estado criando nuestras aves durante años, lo cual nos hace extendernos a la siguiente generación, preservando la familia avícola. Siempre estamos añadiendo nuevos criadores.

Durante años, la fuente principal de ingreso agrícola en el este de Texas fueron las vaquerías. Hoy, sin embargo, mucha de la leche del área se produce en relativamente pocas grandes granjas vaqueras. Operar una pequeña granja vaquera llegó a ser difícil económicamente. Unos ganaderos simplemente se retiraron. Otros comenzaron a criar pollos para nosotros.

Hoy proveemos los pollos, el alimento, los servicios veterinarios y el apoyo técnico a nuestros criadores contratados. Ellos brindan las instalaciones, los servicios y el trabajo. Algunos cumplen principalmente operaciones de cría, incubar los pollos. Otras son principalmente operaciones de crecimiento, criar los pollos hasta la madurez.

¿Y QUÉ HAY CON LOS HUEVOS?

Mencioné anteriormente que comprábamos el excedente producido por nuestros clientes. En algunos casos, eran pollos sobrantes. Y en otros, comprábamos huevos excedentes. Vendíamos huevos directamente a nuestros clientes, pero también a un intermediario.

Uno de nuestros primeros clientes fue Billi Garret, que había abierto Mount Pleasant Poultry and Egg. Billy tenía gallineros en su camión y una ruta regular. Él pasó y compró pollos y huevos excedentes. Algunas veces solíamos luchar por un dólar si él tenía tiempo.

MIENTRAS TANTO, DE VUELTA AL MOLINO DE ALIMENTO...

Aunque nos estábamos expandiendo dentro de la producción viva de pollos y en la venta de huevos, las aves aun no eran nuestro interés principal.

> *Uno de nuestros primeros clientes fue Billi Garret, que había abierto Mount Pleasant Poultry and Egg. Billy tenía gallineros en su camión y una ruta regular. Él pasó y compró pollos y huevos excedentes. Algunas veces solíamos luchar por un dólar si él tenía tiempo.*

También estábamos sirviendo a la industria vaquera del norte de Texas y vendimos grandes cantidades de maíz, mijo, semilla de algodón y otras semillas. Éramos los distribuidores del fertilizante marca International. La principal base económica de Camp County todavía era el ganado y las granjas de siembra en surcos en esos días, y les servíamos principalmente a esos granjeros. Varios residentes de Pittsburg vivían en el pueblo, pero poseían granjas fuera de los límites de la ciudad. Otros eran granjeros residentes rurales. Todos, parecía, tenían alguna conexión con la tierra.

A medida que expandimos el molino de alimento y los tanques de almacenamiento, comenzamos a mercadear nosotros mismos en un radio de casi ochenta kilómetros desde Pittsburg, y finalmente nuestro crecimiento atrajo la atención de varios oficiales y grupos de investigación de Texas A&M University. La tienda de alimentos estaba situada en Pittsburg, pero no se limitaba a Pittsburg. Una tendencia regional para nuestras operaciones se había afianzado casi sin saberlo nosotros.

Y LUEGO VINO LA RECLUTA

La vida cambió dramáticamente para mí en mayo de 1951 cuando fui enrolado en el servicio militar. Esperaba ser enviado al frente en la guerra de Corea. Sin embargo, fui embarcado a California donde me seleccionaron para una escuela de liderazgo para el entrenamiento de preoficiales. Había 95 hombres en mi clase, pero solo nos graduamos veintiuno. Yo estaba bien posicionado en la clase, y fui asignado a permanecer en la escuela para entrenar a otros reclutas.

Mientras estaba en California, vi los camiones de bultos de alimentos y los grandes molinos en uso en la costa oeste. Nunca había visto algo así, y difícilmente podía esperar a regresar a Texas para decirle a Aubrey acerca de todo lo que podía hacerse.

Cuando regresé del servicio militar en 1953, instalamos nuestros primeros tres grandes tanques de granos. Las unidades eran de 8 metros de altura, 5 de diámetro, y cada una tenía capacidad de aproximadamente 15 cargas de grano. Comenzamos a almacenar un inventario de maíz, mijo y hojuelas.

También adquirimos nuestro primer camión de alimento en bultos, que fue el primero de este tipo utilizado alguna vez en Texas, al este de Fort Worth. Estos camiones nos permitieron proveer alimento en cubos sin usar sacos. El camión atrajo un gran número de clientes de vaquerías y criadores de aves que descubrieron que eran capaces de ahorrar dinero y evitar el trabajo quiebra espaldas de levantar bolsas de alimento de cientos de kilos.

No mucho tiempo después, en 1955, instalamos la primera vía de ferrocarril al lado del molino. Para el momento, el ferrocarril era operado por Louisiana and Arkansas Railroad Company. Comencé a negociar con Paul Sipple, que fue el vicepresidente superior del ferrocarril y su oficial negociador. Él no creía que pudiéramos vender suficiente alimento como para justificar que el ferrocarril construyera una vía, pero al final, propuse que hiciéramos una sociedad para pagar por ella. Nosotros pondríamos algo del dinero y, en varios años, el ferrocarril podía pagarnos con una tarifa rebajada tipo «carro por riel». Eso dio buenos resultados y ambos nos beneficiamos.

A medida que nuestro negocio crecía, necesitamos almacén adicional para el grano. No pudimos encontrar a alguien para financiar esa operación, así que trabajé con Darryl Manley de Briggs-Weaver Machinery Co., de Dallas, en un trato que resultó en que adquirimos seis tanques de grano Butler de treinta y un metros de altura al 100 por ciento de financiamiento. Estos tanques nos permitieron llegar a ser muy agresivos al mercadear nuestro mijo y nuestro maíz molido, así como los artículos rizados, y comenzar a desarrollar otras mezclas de alimentos. Un nuevo sistema de mezcla se añadió al molino en 1956.

Además de vender a los granjeros, vendíamos granos a las tiendas de alimentos y otros comerciantes de alimento en los pueblos cercanos, principalmente mijo en esos días. Recibimos un certificado de mérito de parte de Purina por «Ventas destacadas al detalle» por alcanzar el total de 50.000 toneladas en venta de Purina Chows. Otro honor nos llegó en 1961 cuando Quaker Oats Company reconoció a Pilgrim Feed Mills por vender más de 4.500 toneladas de Ful-O-Pep Feeds en un año.

Hoy, dos ferrocarriles sirven al molino de alimento de Pilgrim que todavía está funcionando en el mismo lugar. En 1990 expandimos nuestras vías de ferrocarril para permitirnos entregar en cargas de tren de hasta 100 carros directamente desde el cinturón de maíz hasta el nuevo molino gigante de alimento que estaba en construcción. Esta mejoría en entregas por tren, fue diseñada para los vagones que llegaban en los ferrocarriles Kansas City Southern y Union Pacific (antes Cotton Bell).

Al pasar de los años, el molino se había expandido y modernizado grandemente varias veces. Nuestro molino de alimento nuevamente expandido entró en línea en julio de 1991. La tecnología era de última generación y la capacidad de producción se elevó. Esto nos posicionó para producir alimentos de alta calidad para la producción óptima de pollos en una taza de más de 120 toneladas por hora. También mejoró la calidad de todo el alimento producido por la operación del molino. Era asombroso ver las computadoras procesando por lotes varios ingredientes de alimentos juntos. Estas controlaban todo, desde la observación de los niveles en los cubos de almacenamiento y las tolvas de producción, a la suma de micro-ingredientes, a la cantidad de vapor inyectada durante el procesamiento.

El ejemplar de enero de 1992 de la revista *Feed Management* declaró que el molino era llamado el «abuelo» de todos los molinos de alimentos. Hoy movemos veintitrés mil toneladas de alimento terminado en una semana a través de ese molino. Los granos pueden ser descargados en un rango de mil doscientas toneladas por hora. El molino hoy tiene setenta y cinco socios trabajando las veinticuatro horas. Cuenta con sistemas de seguridad y respaldo actualizados para asegurar la producción fiable en grandes cantidades.

Dudo que alguien pueda calcular todas las maneras en que una bolsa de alimento para pollos podría mezclarse, pero sospecho que el número sería astronómico. Hasta el cambio más ligero en los ingredientes puede afectar la actuación o la salud de un rebaño. La gente habla de los pollos como parte de la buena nutrición para los seres humanos. Desde el punto de vista de un productor, ¡la nutrición de los pollos es de vital importancia!

En nuestra operación del molino de alimentos, comenzamos a trabajar con el doctor James Miner como nuestro principal nutricionista. Él hizo la gran mayoría de nuestras fórmulas alimenticias a través de los años. Hubo momentos cuando varios expertos estaban en desacuerdo acerca de cómo producir mejor un resultado deseado. De modo que creamos nuestra propia fórmula, la sometimos a pruebas y la manufacturamos.

Hoy, en todos nuestros molinos combinados, producimos 8 millones de toneladas de alimento terminado cada año.

Se han ido los días cuando el alimento para pollos era... bueno, solo alimento para pollos. Nosotros tenemos más de 250 fórmulas diferentes producidas en base al menor costo, específicamente diseñadas para manejar las necesidades básicas de pollos jóvenes, pollos y criadores en varias etapas de su crecimiento.

Además de las fórmulas para pollos, vendemos más de 1.000 toneladas de alimento vacuno a la semana, y proveemos alimento empacado para nuestras propias tiendas al detal. Fabricamos más de 155.000 toneladas de alimento por bulto y por bolsa de alta calidad al año para ganado y animales de exhibición. La división de alimento comercial emplea cerca de cien personas y tiene ventas anuales de más de 28 millones de dólares.

Hasta 1992 marcamos nuestro alimento bajo el nombre de VIT-A-MIX, pero hoy, todo nuestro alimento manufacturado se vende como Pilgrim's Feed.

Se han ido los días cuando el alimento para pollos era... bueno, solo alimento para pollos. Nosotros tenemos más de 250 fórmulas diferentes producidas en base al menor costo, específicamente diseñadas para manejar las necesidades básicas de pollos jóvenes, pollos y criadores en varias etapas de su crecimiento.

Antes de seguir, sin embargo, podría estar interesado en saber que si todavía tenemos una tienda de provisiones para granjas. Vende comida para ganado vacuno, vaquerías, cerdos y perros; semillas; fertilizantes, huevos, suministros e implementos para granjas; medicamentos y suplementos para animales; alambre, bienes de cuero, y ferretería, tanto al por mayor como en operaciones al detal que sirven a los clientes por todo Texas nordeste.

Nunca abandonamos nuestro primer negocio, ¡simplemente le añadimos!

Pero me estoy adelantando. Debo parar de hablar de negocios y mencionar algo más importante aun que ocurrió durante este tiempo. La segunda decisión más importante de mi vida, luego de la de seguir a Cristo, fue mi decisión de casarme con Patty Redding, quien ha sido mi esposa por más de cuarenta y nueve años.

Tres años después de dejar el servicio militar, comencé a pensar seriamente en casarme. Empecé a orar a Dios para que me concediera una esposa pura y buena.

Al mismo tiempo, creció en mí la necesidad de cambiar ciertos aspectos de mi vida si es que quería estar en posición de merecer y ganarme el corazón de una joven y pura mujer; de manera que me preparé para cambiarlos.

Dejé de hacer algunas cosas y comencé a hacer otras, preparándome mental y emocionalmente para lo que significaba ser un esposo. No pasó mucho tiempo de esto cuando conocí a Patty. No tuve duda, ni aún la tengo, de que ella era la que Dios me envió. Ella fue la respuesta a la oración. Más adelante contaré acerca de cómo nos conocimos y de nuestra vida familiar. Una cosa es cierta: No hay otra manera de que pueda lograr lo que tengo en la vida sin Patty.

A MEDIDA QUE SU NEGOCIO CRECE Y SE EXPANDE

Hubo un paso más que necesitábamos dar en los cincuenta para tener una operación verticalmente integrada. Eso era probar el paso más retador, y sigue siendo el área en la que enfrentamos las más grandes oportunidades hoy: el procesamiento y las comidas preparadas.

No sé en que negocio esté usted, pero a medida que se expande, le animo a considerar estas tres lecciones a partir de mi experiencia:

Primero, tan bueno como un plan estratégico a largo plazo puede ser imaginar su negocio y su expansión, o quizás como se imagina su carrera personal, no permita que su plan lo estanque. Los negocios, así como las carreras, tienden a expandirse en dirección de la oportunidad. Aproveche las buenas oportunidades que salen a su paso. No se tarde. Tenga criterio para determinar si una oportunidad tiene mérito, y una vez llegue a la conclusión de que los tiene, actúe.

Tan bueno como un plan estratégico a largo plazo puede ser imaginar su negocio y su expansión, o quizás como se imagina su carrera personal, no permita que su plan lo estanque. Los negocios, así como las carreras, tienden a expandirse en dirección de la oportunidad.

Segundo, busque coordinar sus varias empresas a medida que se expanda. Sopese las oportunidades en base a como cada oportunidad encaje en el gran total. Nuestro negocio se expandió en muchos frentes diferentes, pero cada uno era una extensión de algo que ya estábamos haciendo. Reconozca que la expansión de una carrera o un negocio es mucho más orgánica, como un organismo vivo y que crece, que mecánica. La expansión *no* se da con frecuencia en un patrón ordenado de incrementos del mismo tamaño.

Tercero, confíe en Dios para hacer la orquestación general de su plan maestro. Dios me llevó de transportar gravilla a transportar semillas y vender alimentos. Desde allí, nos guió a criar pollos que estaban consumiendo el alimento, y luego a vender los pollos e incubar sus reemplazos. Mientras más pollos criábamos, más necesitábamos semilla y alimento adicional. Más ventas de alimento éramos capaces de producir con tecnología añadida y equipos actualizados, más grandes los contactos que teníamos con criadores que podrían querer criar pollos.

Mi punto es este: Cada aspecto de nuestro negocio está de alguna manera vinculado a todos los demás. ¿Podíamos ver la gran imagen de esto mientras estábamos trabajando dieciséis horas al día, revolviéndonos para hacer el próximo trato, resolver los detalles de la próxima venta, o satisfacer la demanda del cliente? No. Pero confiamos en *el* que podía ver el comienzo desde el final.

Dios sabe cómo prosperar su negocio en maneras que usted no puede imaginar.

Dios sabe cómo coordinar su negocio en formas que no puede entender.

Dios sabe cómo orquestar el plan general en formas que no puede predecir ni controlar.

Confíe en Él. Y haga el trabajo que Él pone de inmediato al frente para que lo haga.

Por Jehová son ordenados los pasos del hombre, y él aprueba su camino.
(SALMO 37.23)

3

Este pollito fue al mercado...

El procesamiento de pollos fue el vínculo final para nosotros.

En 1957 un grupo de empresarios de los condados de Titus, Morris y Upshur obtuvieron un préstamo de la Administración de Pequeños Negocios para construir una planta procesadora de pollos en Mount Pleasant, Texas, que está aproximadamente a quince kilómetros al norte de Pittsburg, donde estamos situados nosotros. Después de dos años de operar la planta sin éxito alguno, la arrendaron a Ray Climber, de Tyler. Él manejó la compañía durante un año, pero tampoco tuvo éxito. En 1960, Aubrey y yo asumimos el riesgo de operar la planta procesadora, ¡estábamos determinados a *no* fallar!

Fue un riesgo calculado. Habíamos estado observando lo que sucedía en el negocio avícola en otras partes de los Estados Unidos, y teníamos una fuerte visión para una operación avícola totalmente integrada, la cual incluía el procesamiento de los pollos que estábamos criando.

Nuestros financistas, sin embargo, no compartían nuestra confianza.

Para el momento, estábamos financiando pollos a través de Marshall Production Credit Association, y la gerencia allí no aprobaría nuestra expansión. Los gerentes amenazaron con retirar nuestra línea de crédito si perseguíamos el arrendamiento de la planta.

Fuimos en una misión secreta. Aubrey y yo nos adelantamos y alquilamos la planta y, al mismo tiempo, contratamos a un hombre llamado Sam Hatcher para dirigir la operación, todo sin referencia alguna a nosotros.

Hatcher previamente había estado empleado en una planta procesadora en Terrell, Texas, y en una procesadora de pavos en California. Los ciudadanos de Mount Pleasant y Pittsburg, incluyendo nuestros banqueros, creyeron que Hatcher era el propietario de la planta. Ellos no sabían que él estaba trabajando para nosotros por un salario y un porcentaje de las ganancias.

Una de las cosas que había impedido que las plantas previas fueran rentables fue una escasez de pollos vivos para procesar. Aun cuando habíamos contratado un número de criadores para producir los pollos para nosotros, necesitábamos más aves para superar la escasez. Compramos pollos adicionales en una subasta de pollos vivos por teléfono cada semana. La subasta era dirigida desde una oficina en el centro de Texas. Semanalmente recibíamos una lista de criadores de pollos en el este y el sur de Texas. La lista incluía la localización del criador, el número de pollos que tenía disponibles para la venta, el tamaño de los animales y su raza. Una llamada telefónica permitía a varios compradores estar en la línea simultáneamente luchando por los pollos de su elección. Una vez que un comprador hacía una compra, era su responsabilidad recoger los pollos o contratar a alguien que los recogiera. El criador tenía que encargarse del envío, en otras palabras, meter los pollos al camión.

Aubrey y yo, por supuesto, no podíamos estar involucrados directamente en esas subastas, si lo hubiéramos hecho, nuestro encubrimiento habría desaparecido. El financiamiento de Sam Hatcher para comprar los pollos se hizo bajo el nombre de la compañía Netex Poultry Company, con dinero provisto a través del Guaranty Bond State Bank de Mount Pleasant. Los pollos vivos eran financiados en notas individuales de los granjeros del First National Bank de Mount Pleasant. Después de venderlos, Aubrey y yo pagábamos por las notas de los granjeros.

Esto siguió por un par de años, pero para finales de 1961, la operación fue exitosa y la planta procesadora era operada abiertamente como Pilgrim Poultry Co.

Mirando al oeste

Mucho de nuestro producto procesado era enviado al oeste. Hay muchos más procesadores de pollo en la mitad oriental de los Estados Unidos, pero como tejanos, siempre se nos ha animado a «pensar en el oeste» y a aprovechar las ventajas de nuestra habilidad para hacer un impacto de mercado significativo en esa dirección. Aunque no planeamos que fuera así, nuestros pollos frescos, para servicios de comida y recuentos al detal, se distribuían principalmente al oeste del Mississippi hasta hace apenas unos años.

Los principales productos de pollos que vendíamos en algunas de las primeras décadas de nuestro negocio eran estos:

- Pollo fresco para restaurantes de comida rápida y otras cadenas nacionales de restaurantes
- Pollo empacado con hielo para distribuidores
- Huevos para servicios de comida y tiendas independientes

¡La integración vertical se ha afianzado!

Para el momento en que los prósperos años ochenta comenzaban, éramos productores de pollo totalmente integrados y productores principales de huevos comerciales. Teníamos dos incubadoras, tres plantas procesadoras y dos molinos de alimentos. Además poseíamos una división de mercadeo y distribución de aves y huevos. Estábamos creando nuestras propias fórmulas alimenticias.

Estábamos bien diversificados en el negocio agrícola, teníamos veintiocho compañías, granjas propias, una división de suministros a granjas, y una operación de ganado situada en 2.700 hectáreas de tierra propia y arrendada.

La producción anual había alcanzado 106 millones de kilogramos de pollo aderezado y 3 millones de docenas de huevos para la mesa.

En el aspecto financiero, la integración vertical nos estaba permitiendo controlar los horarios y los costos desde la cima hasta el fondo y, más importante aun, a controlar el nivel de calidad y servicio. Coordinando cada nivel de nuestra organización, éramos capaces de proveer el mejor valor posible a nuestros clientes.

Cada vez más volvíamos a nuestros clientes para que nos dijeran lo que querían. No estábamos orientados al producto. Estábamos orientados al cliente. Lo que ellos querían, hacíamos el máximo esfuerzo para proveérselos.

En 1986 comenzamos a producir líneas de pollo procesado y productos finos en una nueva instalación de producción actualizada en Mount Pleasant, Texas. Hoy, esta instalación tiene 8.000 metros cuadrados y es una planta para comidas preparadas. Está situada al lado de lo que llamamos la planta este y nos brinda un flujo continuo de pollo fresco. La planta oeste se dedicó a suministrar 1.6 millones de aves a la semana a las instalaciones de procesamiento.

La planta es una de las más avanzadas de este tipo en los Estados Unidos. Siempre he sido un firme creyente de que si una pieza particular de equipo o un sistema nos podían dar mejor flexibilidad y calidad, necesitábamos adquirirlo.

En el aspecto financiero, la integración vertical nos estaba permitiendo controlar los horarios y los costos desde la cima hasta el fondo y, más importante aun, a controlar el nivel de calidad y servicio. Coordinando cada nivel de nuestra organización, éramos capaces de proveer el mejor valor posible a nuestros clientes.

La planta de comidas preparadas tenía originalmente una capacidad de dos líneas de productos formados de 1.800 kilogramos por hora. Podíamos operar productos deshuesados y con hueso congelados individual y rápidamente, productos cocidos o listos para cocinar. Nos expandimos rápidamente añadiendo dos líneas adicionales en 1987.

Hoy estas instalaciones tienen ocho líneas manufacturadoras y dieciséis deshuesadoras y porcionadoras. Ahora deshuesamos más de 2 millones de kilogramos de pollo a la semana en esa planta. Esto ha provisto empleo a unas 2.000 personas y se ha convertido en una de nuestras empresas más productivas.

Abrimos una instalación en Pittsburg en 2002 que funciona como un centro de recepción y distribución de productos refrigerados de unos 16.000 metros cuadrados. Tenemos tecnología robótica para manejar las órdenes de los clientes en secuencia de entrega. Este centro contiene suficiente pollo para alimentar a la mitad de la población de los Estados Unidos con un sándwich de pollo. Piénselo. Eso es *mucho* pollo.

La tendencia hacia las comidas preparadas

La progresión general de nuestra compañía revela la tendencia que da forma a mucho de lo que hacemos hoy:

- En los años cuarenta vendíamos granos para alimentar pollos.
- En los cincuenta vendíamos pollos vivos.
- En los sesenta vendíamos pollos empacados con hielo en estuches de madera.
- En los ochenta vendíamos pollos en empaques refrigerados.
- En los noventa comenzamos a vender productos completamente cocinados controlados por porciones.

La nación se estaba moviendo al mismo tiempo hacia una creciente demanda por parte del cliente de productos rápidos para preparar y listos para comer. Los estadounidenses querían comida de alta calidad que exigiera menos tiempo de cocción, menos tiempo de preparación y menos tiempo de planificación. Esa tendencia hoy continúa.

En el período del 90 al 92 solamente, nuestro departamento de investigación y desarrollo creó 160 productos nuevos, que representaban cerca del treinta por ciento de nuestro volumen total para 1992. Las nuevas categorías que realmente despegaron fueron los productos saludables, no empanizados y no fritos.

El mundo ha parecido un poco lento para darse cuenta del concepto de productos cárnicos saludables, aunque los comedores finos siempre han estado en ese estilo y no hay nada que pueda derrotar la buena vieja comida casera fresca, los productos lácteos y la carne. Nuestra sociedad tiene un deseo creciente, así parece, de obtener energía «más rápido y mejor».

Un porcentaje significativo de nuestros productos de pollos va a los mercados «listo para comer» y de comida rápida. Vendemos productos de pollo a más del 70 por ciento de las cincuenta mejores compañías de comida más grandes de los Estados Unidos. También servimos a los supermercados. A través de los años, lo hemos hecho muy bien con nuestros trocitos [nuggets] de pollo, empanadas y otros productos cocinados. Nuestra meta es poner en el mercado productos que no tengan nada artificial en ellos. La comida es magra, nutritiva y sin preservativos ni aditivos.

También debería admitir esto. Desde la mitad y hasta los últimos años de los ochenta, cuando establecimos por primera vez el negocio de delicatessen en Pilgrim's Pride, con pollo rebanado, todas las salchichas de pollo y boloña, entre otros, la línea de productos *no* nos rindió el margen de ganancias deseado. Nuestros clientes, así parece, querían pollo que viniera en trozos de varios tipos, nuggets, filetes y otros.

Para el momento en que abrimos la planta de Comidas Preparadas, yo sabía que había algunas personas en nuestra industria que estaban un poco escépticas. No creían que yo tuviera mercados comprometidos con nuestros productos antes de que comenzáramos a construir la planta, y eso es algo de un «no-no» corporativo. Ese no es mi estilo, sin embargo. Tenía una fuerte convicción de que la gente en los Estados Unidos iba a querer más y más variedad en sus productos de pollo, y que consumirían una creciente cantidad de pollo al pasar de los años.

Podía no estar en lo cierto con algunos de los artículos deli, pero definitivamente lo estaba respecto a la variedad y el volumen.

También acerté en asegurarme de que cualquier sistema que implementáramos tendría flexibilidad, de modo que pudiéramos no solo expandirnos, sino cambiar, de ser necesario, sin ninguna pérdida de calidad o eficiencia.

No tengo absolutamente ninguna duda de que si una compañía puede actuar rápidamente en cuanto a sus formulaciones y reformulaciones, y cambiar rápidamente la línea de productos para satisfacer las demandas del cliente, puede ser muy exitosa.

Desde el año 2000, hemos visto un crecimiento tremendo en nuestra División de Comidas Preparadas; en promedio, hemos experimentado cerca de trece por ciento de crecimiento anual. Las Comidas Preparadas representan ahora un poco más de la mitad de nuestras ventas totales de pollo. Las buenas noticias para nosotros es que esto no es tan dependiente de los precios que pagan, por el estilo o comodidad, como el de los pollos frescos.

La flexibilidad como factor clave

La instalación de Mount Pleasant ha sido diseñada para máxima versatilidad y flexibilidad. Deshuesamos mitades superiores que son aderezadas en dos plantas de sacrificio adyacentes. Algunos de estos son productos congelados individual y rápidamente. Hemos tenido tres expansiones principales de la planta de comidas preparadas desde 1986. Inicialmente la instalación tuvo una capacidad de dos líneas de 3.500 kilogramos por hora. Ahora tiene ocho líneas de producción. Esta es una instalación de producción que opera siete días a la semana y trata más de 2 millones de kilogramos de pollo semanales.

La mezcla de productos está cambiando constantemente. No tengo ninguna duda de que la adaptabilidad y la calidad de esta instalación de procesamiento de comida son las mejores de los Estados Unidos.

Muchas compañías avícolas utilizan plantas más pequeñas que se especializan en un solo producto. Dependemos de la flexibilidad para adaptarnos a nuevos productos en una instalación más grande, aparejada con actualizaciones frecuentes en equipos. Esta fue una innovación importante cuando añadimos capacidad para «rebanar y trocear» a esta planta, utilizando cuchillos robotizados y otros equipos. Una vez más, ¡esto es superincreíble!

Esta planta de Mount Pleasant puede producir casi cualquier tipo de producto avícola hoy en el mercado. Más de 2.000 productos diferentes ruedan sobre estas líneas de producción cada año.

Un caso de estudio en adaptabilidad

Aparte de los procesos innovadores *dentro* de nuestras plantas, tenemos un ejemplo de esa innovación en el césped del frente del centro de congelamiento y distribución de Pittsburg, una instalación masiva que se levanta sobre el horizonte del país y que puede verse desde posiciones aventajadas a muchos kilómetros de distancia.

La gente que conduce por la autopista 271 y pasa por este centro de distribución con frecuencia se sorprende al toparse con una gran estatua que se parece a mí con un sombrero de peregrino [de los fundadores de los Estados Unidos]. Pocas personas hoy, sin embargo, parecen saber dónde se originó esa estatua.

A finales de 1960, abrimos un pequeño restaurante en Pittsburg llamado Pilgrim's Kitchen. El sombrero de Pilgrim fue construido y colocado en la parte superior del restaurante, que vendía principalmente pollo frito y los contornos comunes a ese producto. El sombrero hacía que el restaurante se reconociera aun a la distancia.

Me percaté de que puesto que estábamos vendiendo pollo a casi todos los restaurantes de comida rápida que vendían pollo en el área, competíamos con nuestros propios clientes. De modo que cerramos el restaurante en 2001 y nos concentramos en hacer crecer nuestra base de clientela de comida rápida, lo que a largo plazo fue una buena movida empresarial de nuestra parte.

El edificio donde estaba situado el restaurante fue vendido fácilmente, pero ¿qué hacer con el sombrero? Era grande y pesado, y parecía no tener ningún buen uso. Pero había sido símbolo reconocible de la marca Pilgrim's Pride y era como una clase de adorno en nuestra comunidad. Finalmente alguien sugirió que lo colocáramos frente a nuestro centro de congelamiento y distribución de Pittsburg al lado de la autopista, al menos serviría para propósitos publicitarios, pero un sombrero solo afuera en el campo frente a la planta no parecía tener mucho sentido.

Para aquel momento mi aspecto se estaba haciendo muy conocido en los comerciales de televisión y en los vehículos de entrega que cruzaban la región. Así que hicimos moldear el parecido de mi cabeza y mis hombros del mismo material del sombrero y colocamos el sombrero encima de mi «cabeza». Mucha gente me ha dicho que supieron instantáneamente que estaban mirando un negocio de Pilgrim's Pride cuando veían la estatua, aun antes de leer el nombre en el edificio.

La estatua *no* era un egocentrismo mío, como algunos suponen. Fue solo una eficaz y divertida manera de ayudar a publicitar a la empresa Pilgrim's Pride ante miles de clientes potenciales que conducían por la congestionada autopista de Texas. El equipo gerencial de la compañía incluso comisionó a un famoso artista para que hiciera una escultura mía sosteniendo mi Biblia.

La meta de añadir valor

En los primeros años, añadimos valor a nuestros productos a través de la integración vertical que nos dio un control de calidad mayor y nos permitió brindar mejor servicio al cliente. Hoy lo agregamos a través de reprocesamiento de punta y nuevos productos innovadores.

En la actualidad no estamos tan interesados en crecimiento adicional en toneladas; en vez de eso, aumentamos las ganancias a través del valor agregado a los productos, los segmentos del mercado en nuestra industria conocidos como comidas preparadas, paquetes frescos al detal y comidas rápidas. La cuenta es en realidad muy simple: Si un cliente le pide un pollo completo de dos kilos y medio a 1,40 dólares el kilo, eso es 3,50 dólares por un ave. Pero si el cliente le pide dos pechugas de pollo marinadas y empacadas al vacío en recipientes con porciones controladas y está dispuesto a pagar tres dólares por ese solo artículo, y le pide que le dé las alas y los muslos asados disponibles para la venta en el departamento deli por el monto promedio de 2 dólares por pollo, eso es un total de 5 dólares por un ave. Mientras más haga el procesador y el proveedor de comidas preparadas, mayor será el margen de ganancia potencial, y más valor por el producto a los ojos de la persona que lo compra.

¿Qué podría significar esto para usted en su negocio o carrera?

- Versatilidad
- Flexibilidad
- Adaptabilidad

Estos son los conceptos clave para quedarse al filo de cualquier negocio. Su plan de negocio necesita versatilidad para que pueda añadir y sustraer productos rápidamente y satisfacer las necesidades cambiantes del cliente.

La gente en cualquier nivel de su organización, desde la alta gerencia hasta los trabajadores de línea, tiene que ser flexible. Aun si está en una carrera solo, necesita asociarse con personas que sean flexibles en su pensamiento, rápidas para adaptarse a las tendencias y a las exigencias.

Su equipo y sus procesos necesitan ser adaptables, fácilmente ajustables a múltiples funciones. Esa es la ola del futuro.

Sobre todo, cada persona en el negocio actualmente enfrenta el reto de ser innovador, de utilizar tecnología innovadora y nuevos procesos, y salir con nuevos productos o nuevas características para los viejos.

Solo existe un Creador. Todas las ideas fluyen de Él. Toda innovación surge de Su inspiración. Pídale que le ayude.

Pues todo es tuyo, y de lo recibido de tu mano te damos.

(1 Crónicas 29.14)

4
¡El pollo es algo por lo cual cacarear!

Un negociante joven que soñó con realmente dejar una huella en este mundo y específicamente con comenzar y desarrollar una gran compañía, una vez me preguntó cuál consideraba yo que era la «piedra angular» que necesitaba colocar con el fin de establecer un fundamento sólido para el crecimiento. Le dije que necesitaba enfocarse en su primer producto. Específicamente necesitaba encontrar uno que fuera bueno para la gente y que le gustara. El producto necesitaba ser versátil y tener buenas posibilidades de expansión.

«¿Cómo qué?», preguntó este joven.

«Bueno», dije pensándolo un momento, «¡como el pollo!»

El pollo lo tiene todo.

El pollo es bueno para la gente, y le gusta a la gente

No hay nada que pueda derrotar al pollo en cuanto al alto valor nutricional, abundante en proteínas de alta calidad por un gasto mínimo. A diferencia de carnes rojas más grasas, carne de vaca, puerco y hasta cordero, el pollo que se asa sin la piel y con todo el exceso de grasa reducido es una fuente de proteína extremadamente magra. Tiene gran valor económicamente hablando. Un kilo de pollo todavía cuesta significativamente menos que uno de carne de res. El consumo de pollo *per cápita* sobre una base de peso al detal es la carne número uno en los Estados Unidos hoy, de acuerdo al departamento de agricultura. El pollo pasó al consumo de carne de res en 1992.

En toda mi vida, el pollo ha crecido de ser una comida de gente pobre a la carne preferida en el mundo. El pollo es la comida preferida de los estadounidenses ya sea en casa o comiendo afuera. Lo mismo es cierto para los niños hoy, ellos *eligen* el pollo. A medida que los «baby boomers» se aproximan a la jubilación, los beneficios a la salud que tiene el pollo parecen aun más atractivos para ellos.

Creo que el pollo seguirá siendo la carne preferida del futuro. Nada supera al pollo en costo, sabor y valor nutricional. El mundo podría haber sido un poco lento para darse cuenta de eso, pero la verdad finalmente triunfa.

El pollo es versátil

La versatilidad puede definirse de múltiples maneras. Desde una perspectiva, el pollo es versátil porque ninguna de sus partes se desecha.

Las plumas y las vísceras se procesan como ingredientes de productos alimenticios de calidad para mascotas. La mayoría de la gente no se da cuenta, pero las plumas son extremadamente ricas en proteínas.

Los cuartos de los muslos se congelan para mercados de exportación por todo el globo.

Las pezuñas se venden a los mercados asiáticos.

Los productos incomibles van a formar parte de la comida para animales. Desde una segunda perspectiva, el pollo ha demostrado ser versátil a lo largo de los años cuando llega al mercado del consumidor. Nosotros comenzamos vendiendo pollos vivos. Entonces teníamos que quitarles las plumas. Luego teníamos que cortarlos y vender las piezas porque algunas personas querían solo pechugas, otras solo muslos y otras solo piernas. Luego tuvimos que cocinar los pollos y hacerlo de muchas maneras distintas. El cambio ha sido la naturaleza de nuestro negocio desde el primer día hasta hoy, pero el pollo ha sido un producto que pudo *cambiarse* para satisfacer las demandas del consumidor.

Desde aun una tercera perspectiva, el pollo es versátil en la cantidad de formas en que puede prepararse. Hace años, casi todo el mundo asaba o freía el pollo. Ahora puede entrar en cualquier tienda grande de alimentos y encontrar una amplia variedad de productos de pollo: los hay fritos, en filetes, rostizado, horneado, a la barbacoa, alas regulares, alas picantes, alas con miel, ensalada de pollo, pan con pollo, pollo procesado que puede rebanarse o trocearse según las especificaciones del cliente, y usualmente una variedad de ensaladas que llevan pollo, desde la oriental a la César hasta las ensaladas con pasta. El pollo es uno de los productos más versátiles disponibles para el consumo humano.

El pollo ha disfrutado un tremendo potencial de crecimiento

A lo largo de los años, la cantidad de pollo que consumimos los estadounidenses ha aumentado de forma bastante constante. En 1950 comían un promedio de nueve kilogramos de pollo al año. ¡A comienzos del siglo veintiuno, aumentaron a cuarenta kilos! Y estaban pagando menos por kilo en el supermercado por sus pollos que lo que pagaban cincuenta años antes. Los avances en la tecnología de las granjas, el procesamiento y el mercadeo han hecho la diferencia.

El consumo de puerco ha sido relativamente el mismo en la última década, y el de carne de res ha descendido. El pollo se disparó. Desde 1975 el consumo de pollo *per cápita* en los Estados Unidos se ha más que duplicado. El consumo de huevos también ha aumentado, aunque no tan rápidamente.

La tendencia mundial indica que el consumo de pollo también continuará creciendo en Europa del Este, Corea, China, el Cercano Oriente, Latinoamérica y otras áreas del mundo.

Sé que algunas personas comen pollo todos los días; yo soy uno de ellos, por supuesto. A ese ritmo, suponiendo que cada porción es de ciento ochenta gramos, una persona podría comer con facilidad más de setenta kilogramos de pollo al año.

Después de todo, la industria del pollo ha disfrutado un increíble y sostenido crecimiento de producción anual de casi cinco por ciento. Este paso relativamente firme ha sido sostenido por más de cuarenta años.

En 1960, la industria avícola estadounidense producía menos de dos billones y medio de kilogramos de pollo al año. A mitad de los noventa, la industria producía unos once billones de kilos por año. Hoy el número alcanza los quince billones.

En simples palabras, la gente continúa comiendo más y más pollo.

Cómo maximizar el potencial de la salud

El reto, por supuesto, que encara una empresa que tiene un producto de tan tremendo gusto, versatilidad y potencial de crecimiento es este: ¿Cómo puede mejorar aun más el producto? En nuestro caso, el reto era encontrar las maneras de mejorarlo haciéndolo más saludable.

En 1963 mi hermano Aubrey sufrió su primer ataque cardíaco y, a medida que se recuperaba, insistió en que vendiéramos la compañía a Quaker Oats. Me costó convencerlo, pero finalmente le saqué esa idea. Aubrey se recuperó, reasumió sus deberes y continuamos creciendo.

Luego en 1966 los problemas de salud de Aubrey resurgieron. Sentía una gran cantidad de estrés después que un accidente de camiones avícolas cobró la vida de algunos de sus amigos cercanos. Él murió de un ataque cardíaco el 11 de noviembre de 1966.

Para el momento en que Aubrey falleció, habíamos estado juntos en el negocio durante veinte años. La compañía hizo cerca de 10.5 millones de dólares en ventas anuales. Habíamos dividido bastante nuestros roles de socios. Aubrey estaba a cargo de las ventas, servicios, financiamiento y de la operación de la incubadora. Yo estaba a cargo de la manufactura del alimento, las compras, la nutrición y el transporte.

No puedo comenzar a decirle el impacto que fue para mí la muerte de Aubrey. Todo mi mundo se estremeció.

Por otra parte, estaba muy consciente del terrible historial de salud de mi familia, especialmente cuando se trata de problemas cardíacos. Mi abuela D.D. Pilgrim murió a la edad de 49 años. Mi padre murió cuando tenía 44. Mi hermano Harold Dean falleció a la edad de 59 años. Mi hermano Billy Carroll murió a los 46 años, mi hermana Mary Katheryn Pilgrim a los 39 años, y mi hermano Aubrey a los 42. La mayoría de mis hermanos que murieron jóvenes sufrieron de ataques del corazón. Arteriosclerosis, más comúnmente conocida como el endurecimiento de las arterias, es común en mi familia.

Yo tuve una cirugía de corazón abierto en 1975 para lidiar con algunos bloqueos coronarios. En 1982 tuve un ataque al corazón leve. Estos problemas de salud se mantenían en mi historia familiar en general, lo cual admito que ignoraba grandemente. Estos incidentes cardíacos pudieron haber sido reveses en mi vida y en mi carrera, pero elegí hacerlos trampolines. Comencé una campaña personal diligente para vivir más saludablemente y comer más nutritivamente. También llegué a dedicarme extremadamente a velar que nuestra compañía creara un producto de pollo más saludable y más nutritivo.

En 1984 desarrollamos el primer pollo magro, que tenía menos grasa y colesterol, sin pigmentos de color artificial y menos calorías.

En 1997 desarrollamos huevos nutricionalmente enriquecidos con ácidos grasos omega-3, omega-6 y vitamina E. Ahora son mercadeados bajo la marca EggsPlus™.

Una persona me preguntó no hace mucho: «¿Cómo puedes hacer pollos más magros y huevos más nutritivos?» Todo es asunto de lo que come el pollo. Los huevos EggsPlus™ fueron creados alimentando gallinas ponedoras con una dieta basada en granos que fue enriquecida con aceite de pescado, linaza, vitamina E y luteína. El resultado fue que dos huevos EggsPlus™ proveen la misma cantidad de omega-3 que una porción de salmón, y siete veces más vitamina E que los huevos normales.

Los pollos y los huevos ya eran productos con buen valor para la salud. Los convertimos en productos con *gran* valor para la salud.

Promueva su camino hacia la cima

Si tiene un buen producto que ha hecho aun mejor, ¡eso es algo por lo cual cacarear! No hay sustituto para dejar que el mundo sepa lo que tiene de manera que haga un camino hasta su puerta.

Mencioné antes la versatilidad, y cuando se trata de promocionar los pollos como producto, existe una tremenda versatilidad en lo que puede decirse acerca del mismo, y de manera creativa. Hay docenas de frases que sirven como buenos titulares. He aquí solo tres de mis favoritas:

- Las familias acuden en masa a la cena con pollo
- La compañía se mantiene al tanto de las tendencias de los productos de pollo
- Los nuevos productos vuelan fuera del deli

Los comerciales han sido esenciales para nuestro crecimiento. El beneficio de un comercial es que uno puede decir los beneficios de su producto, diferenciarse de su competidor, fomentar el orgullo de su organización y crear una imagen elevada con los proveedores y los clientes, todo entre diez y treinta segundos de tiempo.

Nuestra publicidad comenzó en serio a principios de 1980. A finales de 1982 fui con Don Perkins, nuestro vicepresidente principal de procesamiento y mercadeo, y con Buddy Pilgrim, nuestro director de mercadeo, a entrevistar a casi una docena de agencias publicitarias en Dallas. Finalmente seleccionamos a KCBN Advertising para desarrollar los primeros anuncios al consumidor de nuestra compañía y presentar nuestra nueva línea de pollo fresco en paquetes refrigerados. KCBN cambió de nombre varias veces en el transcurso de los años, y finalmente se convirtió en Evans Group. Esa fue nuestra agencia de publicidad durante seis años. El Richards Group, otra compañía muy respetada en Dallas, se convirtió en nuestra agencia en 1989. Hoy en día es La Agencia Wolf, en Dallas.

Yo era el portavoz lógico para la compañía en nuestro primer comercial de televisión titulado «El Presidente Habla», el cual sacamos al aire a principios de 1983. En realidad fui voluntario para este papel como portavoz porque sabía que nadie conocía nuestros productos, nuestra compañía, nuestros clientes potenciales, o los beneficios de nuestros productos para el consumidor mejor que yo. Además, era mi nombre en la compañía. En esos días especialmente, varias campañas publicitarias mostraban al dueño o presidente de la empresa haciendo el anuncio, y vi esto como una marca de integridad para nosotros. No estaba a punto de decir algo en las ondas públicas que no estuviera completamente preparado para entregar a los clientes.

A la gente pareció gustarle mi personalidad graciosa, así que tuve algo así como un empleo permanente para todos los comerciales de radio y televisión subsiguientes. Me puse un traje de negocios y luego el sombrero de hebilla de Pilgrim sobre mi cabello blanco. Con un nombre como Pilgrim, ¿qué podía ser más lógico? ¿Y qué podía ser más apropiado que tener esta imagen en los escenarios principales durante los dos días festivos más importantes del año, el Día de Acción de Gracias y Navidad? Simplemente resultaron ser días festivos que se caracterizan por el consumo avícola.

También adoptamos a Henrietta. Yo había ido a San Francisco para hacer uno de nuestros primeros comerciales de televisión, y el domingo en la noche antes de filmar el comercial salimos a comer. Yo tenía un pollo que había hecho un viaje a un taxidermista sentado a la mesa del restaurante con nosotros, y un hombre vino y dijo: «Eso luce como Henrietta», lo que aprendí luego era un personaje en un libro para niños. El nombre pegó, y comencé a llevar ese pollo estofado llamado Henrietta conmigo no solo en los comerciales, sino cada vez que me pongo el sombrero Pilgrim para apariciones públicas.

Una persona me dijo no hace mucho: «Se destacó de una manera que pudimos recordarlo tanto a usted como lo que estaba vendiendo». Yo representaba una rara combinación de personalidad, producto y nombre del producto. Con el paso de los años, los expertos en publicidad me han dicho que soy algo como un «héroe» para millones de personas a través de nuestros anuncios ganadores de premios. Finalmente pusimos mi imagen llevando el sombrero en nuestros camiones de la compañía como una manera de extender nuestra publicidad en la carretera. Dio resultados.

Trabajé mucho promocionando a la compañía y siendo su impulsador número uno. El esfuerzo publicitario y promocional fue no solo un asunto de hacer un par de comerciales durante unas pocas horas en determinado año. Hice apariciones publicitarias y di más charlas después de cenar de los que puede empezar a contar. También aparecí en televisión y programas de radio e hice entrevistas con editores de periódicos y revistas.

Promocione sus innovaciones

Siempre he buscado maneras de mejorar las cosas o de hacerlas de forma más innovadora. Eso es cierto tanto cuando se trata de pollo como de otras cosas.

Un hito para nuestra compañía, y nuestra imagen corporativa, llegó en 1984 cuando asumí el riesgo de crear un pollo deshuesado completo. El reto me lo lanzó Dick Yaws, un reportero de radio campesina. Para el momento, estábamos discutiendo cómo cortar un pollo, y la conversación cambió a cómo deshuesarlo. Fui a la televisión después, hablé acerca de cómo deshuesar un pollo y luego deshuesé uno entero.

Yo había trabajado docenas de noches durante varios meses para experimentar con varias técnicas hasta que perfeccioné mi método. El resultado fue la remoción de todos los huesos de un pollo entero sin ninguna incisión adicional más que aquellas originalmente utilizadas en el proceso.

La gente parecía fascinada con el concepto de un pollo entero deshuesado, y fui entrevistado por numerosos escritores de revistas y periódicos, incluyendo a los editores de la revista *Buen Hogar*, acerca del proceso. El pollo entero deshuesado no solo añadió a nuestra exposición, sino que nos llevó al reino de la percepción como innovadores serios de productos alimenticios de calidad.

No es frecuente que un nuevo producto cárnico único aparezca en el mercado; el pollo entero deshuesado fue tal producto. Recibimos reconocimiento importante desde tan lejos como Londres. No solo los medios masivos estaban intrigados con la idea, sino también las revistas relacionadas con comida y los compradores de comida. En todo Estados Unidos, la etiqueta Pilgrim's Pride tenía una enorme impulso de reconocimiento. La producción en la planta de DeQueen, Arkansas, tenía que aumentar dramáticamente. En ese entonces era el único lugar donde estábamos produciendo pollos deshuesados.

Yo califiqué al pollo entero deshuesado como «algo para quedarse petrificado». Esa fue la primera vez que utilicé esa frase; consiguientemente llegó a ser todo un tema para nosotros y al final un lema en Estados Unidos.

Pollo como «Alta Cocina»

Parte de mi motivación para crear pollos deshuesados vino de un artículo que leí en los sesenta que afirmaba que el sesenta por ciento del pollo que se consumía en Japón era *deshuesado*. En mi experiencia hasta ese punto, el pollo era usualmente *frito*, y esto se consideraba cosa de comida para «picnic», un buen plato para comer afuera o en un porche cerrado. El pollo frito era también «asunto familiar» normal, usualmente con panecillos y salsa de carne, pero rara vez se consideraba una comida para servir a las visitas, ni era una carne que la gente ordenara frecuentemente cuando iban a restaurantes. Cuando leí este artículo acerca del consumo japonés de pollos deshuesados, de repente tuve toda una nueva visión para lo que un pollo pudiera ser como alta cocina. Podía verlo servido en restaurantes de lujo con manteles blancos, ordenados como elección preferida de carne sobre la carne de res o puerco. Y podía verlo convirtiéndose en comida de compañía, servido como entrada para invitados especiales.

Mi nueva comprensión acerca de lo que el pollo podría ser fue realmente el comienzo de un lento pero constante movimiento hacia un número elevado de comidas preparadas, lo cual hoy en día es una parte altamente rentable de nuestro negocio en Pilgrim's Pride. Existen incontables maneras de preparar el pollo, y estamos decididos a explorar el mercadeo de tantas como sea posible. La vasta mayoría de los artículos de comida preparada, por supuesto, utilizan piezas de pollo deshuesadas.

Lo asombroso para mí es que este producto no atrapó al consumidor. Finalmente fracasó en captar suficiente mercado compartido y lo descontinuamos. La unicidad del producto para el momento, sin embargo, generó tremenda atención nacional para nosotros. Eso lo hizo un tremendo éxito.

Hacia un pollo más magro, no amarillo

La campaña del pollo deshuesado entero nos demostró la gran importancia de tener productos innovadores. Hicimos el seguimiento en 1985 con una promoción para el pollo natural más magro, en oposición a los pollos gordos amarillos. No hace mucho tiempo, conocí a una persona cuyas primeras palabras para mí *no* fueron: «Oh, hola, Bo, es un placer conocerle», sino: «¡No más pollo amarillo!» Ella todavía recuerda el mensaje de esa campaña publicitaria.

Habíamos trabajado con el doctor James Miner, nuestro experto en nutrición, para producir una línea alimenticia de bajas calorías que nos dio pollos con menos grasa. Nos rehusamos a añadir algún pigmento de color artificial, por supuesto. El nuevo producto también fue posible porque estábamos utilizando aves más jóvenes y procedimientos especiales de recorte.

Salí al aire con un anuncio de televisión muy exitoso que promocionaba «pollos más magros garantizados». Nuestros vendedores se movilizaron rápidamente para asegurar los nuevos puntos de venta de distribución desde Missouri hasta California.

El pollo más magro atrajo de inmediato a los consumidores. Este producto salió justo en el preciso momento. Los estadounidenses estaban crecientemente preocupados acerca de los productos con grasa y estaban listos para exactamente el tipo de producto que habíamos creado.

Como resultado del impulso inmediato cercano en las ventas y las demandas del consumidor, sobrepasamos la capacidad de procesamiento en DeQueen y necesitábamos más volumen de paquetes frescos. Para resolver esta situación compré Pluss-Tex Poultry de Lufkin y Nacogdoches. El trato se cerró en junio de 1985 después de solo seis semanas de negociación. En el lapso de un año, habíamos más que duplicado la capacidad en Lufkin para manejar 850.000 aves por semana.

Cuando dije en nuestros comerciales: «Simplemente no venderé un pollo gordo amarillo», realmente quería decir eso. No fue un truco publicitario.

Cuando dije en nuestros comerciales: «Simplemente no venderé un pollo gordo amarillo», realmente quería decir eso. No fue un truco publicitario. Yo no digo cosas, públicamente o en privado, que no quiera decir. Temprano en mi vida hice un compromiso de honrar al Señor en todas las cosas, y eso significa que decir la verdad es una de los asuntos innegociables en la vida.

Yo no digo cosas, públicamente o en privado, que no quiera decir. Temprano en mi vida hice un compromiso de honrar al Señor en todas las cosas, y eso significa que decir la verdad es una de los asuntos innegociables en la vida. Estoy por la publicidad, pero estoy aun más a favor de la verdad en la publicidad.

La Asociación de Relaciones Públicas de Texas me dio un premio por mi papel en el programa de comunicaciones que presentó el pollo deshuesado a los consumidores estadounidenses. En 1986 el Dallas/Forth Worth Chapter of the American Marketing Association me nombró empresario del año. Premios como estos nos dan algo adicional por lo cual cacarear en nuestros anuncios y comerciales.

Permanecer visible en muchos lugares

Tan importante como fueron la publicidad y los comerciales para nuestro pollo en paquete fresco refrigerado en los ochenta, no nos limitamos a la promoción impresa y por televisión. Dediqué una tremenda cantidad de tiempo a mantener a la compañía y sus productos visibles en tantos lugares como fuera posible.

Nunca consideré que un público fuera muy pequeño. He hablado en banquetes, ceremonias de asociaciones, reuniones de negocios, almuerzos del club, desayunos del club cívico, convenciones, actividades profondos, clases de escuela secundaria, seminarios de universidad, actividades de la iglesia y reuniones de la membresía, almuerzos del Rotary Club y Club de Leones de costa a costa, en grandes ciudades y pueblos pequeños. Una cosa que sí traté de asegurarme era que si estaba hablando a un grupo, a un club u organización durante la hora de la comida, se le suministrara pollo Pilgrim's Pride al hotel o restaurante que organizaba el evento. ¡Yo habría considerado un obstáculo importante el tener un público comiendo carne mientras yo estaba hablándoles con un pollo estofado bajo el brazo!

Ocasionalmente patrocinábamos un evento en el que hablaba. Durante años, realmente más de cuarenta, patrocinamos un desayuno en honor de Future Farmers y los miembros 4-H del consejo en la Southwestern Exposition and Fat Stock Show anual en Forth Worth. Esto nos dio la oportunidad de honrar a hombres y mujeres jóvenes que esperábamos que en un futuro fueran líderes del negocio agrícola del mañana.

Algunas veces uno es inteligente para crear eventos que se vinculan con algo que quiere promocionar u honrar. Nosotros colocamos un marcador histórico en el sitio de nuestra primera tienda durante nuestro quincuagésimo aniversario, así como placas arquitecturales conmemorativas en nuestras instalaciones de Pilgrim's Pride. Ciertamente no perdimos la oportunidad de invitar oficiales del estado, líderes locales, clientes, empleados, miembros de la prensa y otros a la apertura oficial o a la dedicación formal de nuestras instalaciones principales.

De tiempo en tiempo patrocinábamos eventos en los cuales podíamos mostrar nuestros productos. Por ejemplo, un año, patrocinamos la Chef's Competition [Competencia de Cocineros] llevada a cabo por Dallas Chapter of American Heart Association (AHA). Nuestra meta era «alertar e informar al público con respecto a una dieta saludable para el corazón». Esa es una frase clave para *pollo*. Promocionamos nuestros nuevos productos de pollo más magro en el evento. Los chefs célebres del área de Dallas competían por premios y creaban platos a partir de los ingredientes que les proveíamos, incluyendo el pollo Pilgrim's Pride. Los ganadores preparaban una comida, realmente era una fiesta, con cena de gala a la que el público podía asistir por 150 dólares por persona, todos los fondos donados a la American Heart Association. Yo era el orador invitado.

Por cierto, durante cinco años el Dallas Chapter of the American Heart Association patrocinó un concurso de recetas llamado «Heart Healthy Recipe Contest» [Concurso de recetas saludables para el corazón]. Nos unimos con la AHA para imprimir y distribuir miles de tarjetas de recetas ganadoras, al menos algunas de las que mostraban el pollo Pilgrim's Pride.

Localmente patrocinamos el ChickFest en Pittsburg, Texas. Estos días de celebración siempre incluían muchas actividades desde torneos de herraduras hasta competencias para niños y siempre un concurso de cocinar pollo. Los platos de entrada eran innovadores y algunas veces participaban más de sesenta variedades. Dábamos premios, en el rango de 250 dólares, 500 dólares y 1.000 dólares, y nos divertíamos haciéndolo. Cada vez que puedo, me gusta pasear en el desfile. Paseo en un viejo camión que es idéntico al que conducía para Aubrey por cincuenta centavos la hora antes de que me convirtiera en socio de la tienda de alimentos.

Nosotros hicimos una cantidad de otras promociones innovadoras en los ochenta y los noventa:

La Feria Estatal de Texas. Logramos un trato con la Feria Estatal en Texas para aceptar tres etiquetas especialmente marcadas de Pilgrim's Pride Boneless Chicken como precio de admisión de un adulto. Yo hacía apariciones en el Pabellón de comida de la feria, repartía chili de pollo y daba premios. El premio que prefería dar, por supuesto, era siempre una provisión de pollo por un año.

El estreno de la película. Nosotros copatrocinamos con Safeway el estreno mundial de la comedia de Robert Redford *Legal Eagles* en la que Debra Winger y Daryl Hannah también actuaban. El evento se llevó a cabo en Dallas. Redford tenía que aparecer solo en el teatro y en una recepción privada. Yo aparecí con Henrietta en las tiendas Safeway.

Los Texas Rangers. En otra ocasión, patrocinamos el «Pack the Park Night» de Pilgrim's Pride en el estadio de béisbol de ligas mayores de los Texas Rangers en Arlington. Yo lancé la primera bola, cacareé y me pavoneé con el pollo de San Diego en el campo, para el deleite de 60.000 fanáticos. Breves anuncios de Pilgrim's Pride TV se colocaron en la pizarra durante el juego, y un panfleto promocional se les dio a los fanáticos a medida que llegaban esa noche. Decidí que estaba muy agradecido de que nadie me pidiera alguna vez que me pusiera un traje de pollo. Sin embargo, patrocinamos algunos eventos en los que se le daba premios a la gente por los disfraces de pollo más locos o los cacareos de pollo más hilarantes.

Los Dallas Cowboys. No ignoramos el fútbol. Cuando los Dallas Cowboys se encontraron con los Pittsburg Steelers en el Super Bowl XXX, en enero de 1996, aprovechamos la ocasión para entrar en la apuesta amistosa de la alcaldía entre las dos ciudades. La alcaldía de Dallas prometió un camión cargado de pollos Pilgrim's Pride si Pittsburg ganaba. El alcalde de Pittsburg, Pensilvania, hizo la *misma* oferta. Al final, un camión cargado de pollos se donó a los bancos de comida en ambas ciudades. La semana de ese Super Bowl, los oficiales en mi pueblo natal de Pittsburg, Texas, votaron para cambiar oficialmente el nombre de nuestro pueblo por esa semana a Cowboys, Texas. La táctica ganó cobertura de la prensa nacional para Pittsburg, Texas, y a su vez, para Pilgrim's Pride.

En cada una de estas actividades relacionadas con el mercado yo vi una oportunidad tripartita:

Primero, promocionar los productos de nuestra compañía.

Segundo, enviar el mensaje de que era de vital importancia para nosotros en Pilgrim's Pride y para la gente dondequiera elegir no ser del promedio en cualquier empresa en la que se encontraran.

Tercero, enviar un mensaje espiritual de que Dios es el único que nos da nuestros talentos, habilidades y oportunidades. Nada sucede sin el favor de Dios.

Me doy cuenta de que un número de personas que me entrevistaron me permitieron expresar mi mensaje espiritual porque yo era financieramente exitoso, y quizás también porque encajaba todo lo que decía con un poco de humor seco. Si no hubiera tenido éxito en los negocios, o si nuestros productos no hubiesen sido excelentes, no habría tenido la oportunidad de compartir un mensaje espiritual.

Promocionar nuetras causa

Existe aun otra dimensión de la promoción que con frecuencia es pasada por alto porque cae en la categoría de política.

Un columnista del *East Texas Journal*, Hudson Old, dijo una vez que yo tenía «más brazos políticos que un pulpo».[1]

No siempre fue así.

Hubo un tiempo cuando pensaba que la política era una pérdida de tiempo y, en particular, una pérdida de tiempo de mi hermano Aubrey. No me interesaba mucho la política cuando entré por primera vez al negocio con él. Aubrey era el que con frecuencia podía encontrarse en un café local con los políticos de la comunidad, del condado y del estado. Pensaba que estaba perdiendo su tiempo; realmente creía que estaba fallando al pasar tanto tiempo con personas que tenían un cargo político.

Lo que sí consideraba una forma más legítima de influencia política en aquellos primeros días era unirse a organizaciones profesionales y convertirse en miembros activos en ellas. Sabía intuitivamente que con éxito en los negocios en tu propia corporación viene la responsabilidad de ver que todos los negocios asociados con el tuyo también tengan éxito. También reconocía la verdad de que si el nivel del agua para toda su industria se eleva, ¡su bote también subirá! Hasta este día, no limito mis esfuerzos a Pilgrim's Pride Corporation. He gastado considerable tiempo, esfuerzo y dinero en otras actividades que promocionen la industria avícola y los asuntos agrícolas relacionados. Creo que es muy importante, para cualquier líder de una compañía involucrarse activamente con otras personas que estén en el mismo negocio. Hay mucho que ganar de la amistad cooperativa, aun si está involucrado en la competencia. Yo animo a los hombres de negocio jóvenes, en muchos campos, que lleguen a conocer a sus colegas y que estén dispuestos a trabajar por el bien de sus mutuos intereses y preocupaciones.

A través de los años, he sido muy activo en un número de organizaciones, tales como la Midwest Feed Manufacturers Association, la Texas Water Resources Borrad y la Governor's Task Force para Agricultura.

Cuando uno busca levantar su propio negocio lejos de los otros, tiende a fracasar. Por otra parte, cuando uno busca levantar la industria completa en la cual prospera su negocio, tiende a tener éxito, en su propio negocio y como parte del todo más grande.

Y presto servicios en el Comité Ejecutivo y en la directiva del Nacional Chicken Council en Washington, D.C.

He descubierto repetidas veces que cuando uno busca levantar su propio negocio lejos de los otros, tiende a fracasar. Por otra parte, cuando uno busca levantar la industria completa en la cual prospera su negocio, tiende a tener éxito, en su propio negocio y como parte del todo más grande.

Esto ha sido especialmente cierto a medida que nuestra compañía ha crecido y se ha expandido hacia mercados foráneos.

Uno de los hechos de la industria avícola es que los estadounidenses prefieren la «carne blanca» del pollo. Eso significa que hemos necesitado buscar nuevos mercados internacionales para la carne oscura que es menos popular en los Estados Unidos. Exportamos cerca de 45 billones de kilogramos de estos artículos cada año.

Esto, a su vez, significa que la política internacional entra en juego. Por ejemplo, no hace mucho tiempo estábamos enfrentando un bloqueo serio en Rusia. Los rusos simplemente no estaban permitiendo que nuestro producto entrara en su nación, aun cuando su pueblo quería pollo y tenía la capacidad de pagar por él.

Yo llamé a un viejo amigo de Texas, Karl Rove, que casualmente era el consejero principal del presidente, para quejarme. Karl sabía por qué estaba llamando, por supuesto, en el momento en que escuchó que yo estaba en la línea. El asunto de la exportación de pollo había sido una preocupación internacional por algún tiempo, y Karl sabía que yo quería que presionara más al líder ruso Vladimir Putin. Esto no era solo para el beneficio de Pilgrim's Pride, por cierto, sino para beneficio de todos los productores de pollo que estaban involucrados en la exportación internacional. Karl llegó a la línea de forma bastante brusca y me dijo: «¡Bo, estoy hasta el cuello hoy trabajando en el terrorismo internacional en Afganistán, una guerra en Irak, la seguridad nacional, la economía y ese asunto del pollo!» Fue lindo saber que los líderes de nuestra nación tenían sus prioridades en orden ese día, al menos desde mi perspectiva.

Nosotros somos un jugador global en la industria avícola, y el mundo es un ambiente difícil para el negocio aun en los mejores momentos.

Dése a las causas en las que cree

A través de los años, me he convertido en socio financiero del proceso político así como un líder y activista organizacional. Creo que todo ejecutivo de negocios es inteligente para hacerlo, pero con este consejo añadido:

- Asegúrese de que sus fondos sean legales.
- Asegúrese de que los tipos detrás de las cuentas, los fondos o la campaña sean talentosos, profesionales y moralmente sólidos.
- Asegúrese de creer en la causa.

Una organización de la que soy miembro es la Dallas Entrepreneurial Political Action Comitte (DALENPAC). Fue fundada en 1978 por Arthur Wessely, Louis Beecherl, Bo Pickens, Hill Pickens, Marck Rankin, Frank West y Al Wiederkehr. Originalmente el grupo se llamaba Dallas Energy Pac, pero el nombre se cambió para reflejar los intereses más variados de sus fideicomisarios y gobernadores. Los fideicomisarios dan 1.000 dólares al PAC, los gobernadores dan 5.000 dólares. DALENPAC apoya a los candidatos pro-empresariales para la Cámara de Representantes y el

Senado con énfasis en negocios arriesgados o de largo alcance. Los partidarios del PAC son hombres y mujeres que han tenido carreras de negocios exitosas y que están comprometidos a mantener la libre empresa, los principios pro-crecimiento en nuestro gobierno.

En octubre de 2004 fui honrado como el séptimo receptor del premio del gobernador William P. Clements Jr. Award, que otorga la DALENPAC para honrar a hombres y mujeres que han apoyado los principios conservadores con su tiempo, esfuerzos y dinero. Estuve muy complacido de recibir el premio, pero lo estoy aun más de ser un dador a la DALENPAC. Representa los principios que valoro altamente.

Los pollos y la política

Así como he tratado de jugar según las reglas políticas, también tengo mi parte en metidas de pata políticas. No siempre he usado el mejor juicio, pero aun cuando no lo hice, traté de hacer lo mejor de la situación.

Por ejemplo, el 4 de julio de 1989, visité el senado de Texas para presionar por cambios en las leyes para compensación de los trabajadores. Entregué cheques de contribución de 10.000 dólares a ocho legisladores que estaban considerados votantes clave para el asunto, y lo hice apenas dos días antes de la votación. Lo que hice no fue ni soborno ni ilegal, pero el incidente se consideró «cuestionable».

Cuando alguien en los medios me preguntó al respecto, admití que había cometido un «error tonto». Bien, los oficiales de la Dallas Bonehead University decidieron que yo debía recibir el premio Bonehead (cabeza dura) del año en 1990. ¡Lo acepté! Tener publicidad gratis por ser un tonto cuando eres conocido por un producto *deshuesado* era una oportunidad demasiado como buena para dejarla pasar. Nadie sino yo puede haber visto el humor y la ironía en eso, pero después de todo, la oportunidad de aparecer con el sombrero de Pilgrim's con Henrietta en el banquete de Lakewood Country Club fue una buena idea.

Sea en la política, en las apariciones públicas y en las promociones, o en la publicidad, he descubierto que las cosas tienen una manera de resolverse para su ventaja si tiene un buen producto, un mensaje claro, un corazón limpio y un buen sentido del humor.

Si tiene un buen producto, mejórelo.

Deje que el mundo sepa que tiene un gran producto y no pare de promocionarlo.

Construya una reputación de innovación, calidad y una dosis de diversión en sus promociones.

Probablemente se sorprenderá gratamente con los resultados.

Sabemos que a los que aman a Dios todas las cosas les ayudan a bien.

(Romanos 8.28)

5

El pollo a la alcaparra picante y otras delicias que hacen agua la boca

Uno de los slogan de nuestra compañía es: «Nos apasionamos por nuestra comida». Yo personalmente lo estoy. Me gusta comer buena comida. Me encanta hablar sobre la buena comida. Hasta cocinar buena comida.

Una gran aventura de mi vida comenzó cuando los organizadores del primer festival mundial Celebrity Chili Cook-Off at Billy, en Fort Worth, me desafiaron en una entrevista en los medios con un reto que ningún hombre de pollos que se respete podría rehusar. El organizador del festival, Don Reynolds, me retó riéndose a entrar en el concurso con *picante* de *pollo*. Para el momento, el chili [picante] preparado con pollo era virtualmente desconocido. Entonces me dijo: «Si no participas, eres un gallina».

¿Qué podía hacer? Nunca me escapé ante un desafío. Acepté el reto, pero no tenía idea de adónde nos llevaría esto.

Mi hombre de relaciones públicas para el momento, Richard Brown, y yo colaboramos con nuestras esposas en la receta y la llevamos al punto en que sabía bastante bien. Entonces cada uno de nosotros hizo y llevó veinte litros de nuestro picante para pollo al festival con pequeñas tazas y cucharas de plástico para darle a todo el mundo para que probaran. También llevamos recetas impresas en un panfleto que tenía un cupón de descuento en tiendas para nuestros nuevos pollos enteros deshuesados. Dimos las recetas y cupones a aquellos a los que les gustaba lo que comieron en nuestra cabina. Richard y yo nos imaginamos que, por lo menos, ganaríamos algunos clientes para nuestro pollo deshuesado como resultado del concurso. ¡Realmente nos sorprendió cuando el empedernido CASI (Chili Appreciation Society International) de aficionados al chili le dio a nuestro picante para pollo el tercer lugar!

Decidimos poner nuestra receta de picante para pollo en el camino, y nos unimos al circuito de cocina. En los meses siguientes, nos apuntamos más premios, y miles de clientes para nuestro producto de pollo deshuesado.

También tuve el honor de ser juez en el campeonato mundial de cocina World's Championship Chili Cook-off en Terlingua, Texas, en 1984. Así que decidí retirarme del circuito para ir a la cima.

Déjeme asegurarle que fue una fiesta bastante increíble, salir con un lote de mil doscientos litros de picante de pollo, colocar la exposición y coordinar varias entrevistas y compromisos para hablar en público con estos eventos. Sabía que valía la pena, sin embargo, cuando me enteré de que nuestra receta de picante de pollo fue metida al *Congressional Record* por el Senador John Toser. A continuación está lo que el Senador Toser afirmó en ese profético día del 26 de marzo de 1984. (La ortografía y la puntuación están justo como el artículo apareció en el *Congressional Record*, vol. 130, no. 48, parte II).

> Señor Presidente, los muchos beneficios para la mente y el cuerpo del buen chili están más allá de cualquier discusión. Mi propio estado de Texas ha marcado el camino en el desarrollo y la perfección de ese maná del cielo, ese triunfo culinario, el chili hecho con carne y sin frijoles.
>
> Ahora me enorgullezco al anunciar a mis colegas que Texas ha creado para el mundo aun otra innovación de chili, hecho con pollo.
>
> Mi buen amigo, Bo Pilgrim, un líder nacional en la industria avícola que ha desarrollado un método innovador para procesar el pollo entero deshuesado, ha estado de acuerdo en compartir su receta para el picante de pollo. No sugiero que este remplazará, o

pueda reemplazar, al picante tradicional de carne; pero animo a mis colegas a probar este placentero plato. Este brindará variedad culinaria a aquellos que disfrutan un buen chili, y una alternativa deliciosa para los que no tienen la fortaleza de apreciar el chili multialarma de Texas.

Señor Presidente, pido que la receta de picante de pollo de Bo Pilgrim sea impresa en el RÉCORD.

A continuación la receta:

Pollo picante de Bo Pilgrim, sin huesos

1 media cebolla, picada (1 ? tazas).
2 dientes de ajo picados.
1/2 de taza de aceite para cocinar.
1 kilogramo de pollo deshuesado entero Pilgrim's Pride (molido grueso en un procesador de carne para cocina).
1 lata de 8 onzas de salsa de tomate.
3 tazas de agua.
4 cucharadas de polvo de chili.
2 cucharadas de harina.
2 cucharaditas de sal.
2 cucharadas de comino molido.
1 cucharadita de azúcar granulada.
1/2 cucharadita de pimienta de cayena.

En un hervidor, saltear la cebolla y el ajo en aceite hasta ablandar. Añadir el pollo deshuesado Pilgrim y cocer a fuego lento. Añadir agua y salsa de tomate. Añadir el resto de los ingredientes secos. Mezclar bien, cubrir y hervir a fuego lento por 4 horas (si el tiempo lo permite). Rinde para 8 porciones de 2/3 de tazas cada una.

El senador Toser falló al mencionar que mi subtítulo personal para la receta era: «Es para quedar petrificado» (con 50 por ciento menos de grasa). Él también dejó fuera algunos ingredientes:

4 cubitos de caldo de pollo.
1 cucharadita de pimienta negra.
2 cucharaditas de páprika.

Tampoco recomendé nunca las cuatro horas de tiempo de cocción. Treinta minutos cubierto y luego treinta minutos más destapado eran por lo general suficientes para que el chili espesara.

No soy tímido para compartir mis favoritos

Me encanta el pollo. De verdad. Como mucho pollo y a lo largo de los años mi esposa, Patty, ha salido con algunas recetas que quiero comer una y otra vez. Nunca me canso de ellas.

Me doy cuenta de que la mayoría de los ejecutivos que escriben libros no comparten sus recetas favoritas, pero es que muchos de ellos no producen pollos. Así que me estoy tomando la libertad de compartir con usted algunas de mis favoritas. Pruébelas. Le gustarán. (Y espero que compre algunos pollos extra esta semana, especialmente que compre Pilgrim's Pride.)

1, Marinada de Pollo asado

1. Ponga cuatro pechugas de pollo deshuesadas sin piel, en una bandeja de vidrio poco profunda. Exprima la mitad o un limón completo sobre el pollo.
2. Rocíelas con un poquito de aceite de oliva.
3. Sazónelas generosamente al gusto, rociándolas con Sazón Griego Cavender y colóquelas en un plato, envuélvalas en plástico y póngalas en el refrigerador. Déjelas marinar por una hora, luego voltéelas y repita el proceso con el limón, el aceite de oliva y la sazón.
4. Áselas a fuego alto de 5 a 7 minutos por cada lado, pero cuidando de no quemarlas. El tiempo de asado varía de acuerdo al tamaño de la pechuga.

Sirva inmediatamente.
Nunca me canso del pollo hecho de esta manera. —Bo

Uno puede hacer muchas cosas con pollo marinado. Puede rebanarlo en una cama de lechuga y añadir algunos tomates secos de contorno. Puede colocarla en un pan de junquillo que haya sido cortado a la mitad, untado con mantequilla y tostado, quizás añadiendo mostaza de miel y vegetales asados. Puede servirlo con una variedad de vegetales como plato principal, quizás pimientos rojos asados, espinaca fresca y hongos salteados. Hasta va bien con una ensalada estilo oriental con pimientos rojos en cubos, apio rebanado, naranjas mandarín, nueces picadas, semillas de sésamo, coco espolvoreado (tostado) y aderezo asiático.

2. PEDACITOS DE POLLO

Ingredientes:
8 mitades de pechuga de pollo deshuesadas y sin piel
½ taza de miga de pan seca no sazonada
¼ taza de queso parmesano rallado
1 cucharadita de sal
1 cucharadita de hojas de tomillo secas
1 cucharadita de hojas de albahaca secas
½ taza de mantequilla, derretida

Método: Cortar cada mitad de pechuga de pollo en 6 u 8 trozos [nuggets], cada uno cerca de 1 ½ pulgada cuadrada. Combinar la miga de pan, el queso, la sal y las hierbas. Sumergir los nuggets de pollo en la mantequilla derretida y luego en la mezcla de miga. Colocarlo en una bandeja sencilla sobre papel aluminio. Hornear a 400 grados por 10 minutos.

Rinden para 8 porciones en platos principales de 4 o 5 docenas de nuggets cada uno, o 16 servicios de aperitivos.

¡Estos son grandiosos! —Bo

3. Hamburguesas de pavo

Comience con hamburguesas de pavo congeladas.

Para cada hamburguesa de pavo (4 onzas) utilice una cucharada de aceite de oliva.

En una cacerola de hierro, coloque el fuego a la mitad entre medio y bajo (en una cocina a gas). Utilice calor bajo en una eléctrica. No descongele la hamburguesa. Cocine la hamburguesa por 5 minutos de cada lado en el aceite de oliva. Luego añada una cucharada de agua y aderezo Cavender's por cada lado a medida que la hamburguesa se voltea. El tiempo total de cocción, 5 minutos por lado, es 10 minutos.

¡Prueba eso con dos huevos en el desayuno! O cómelo como hamburguesa en el almuerzo o como entrada en la cena. —Bo

4. Espaguetis con pollo

Ingredientes:
2 pollos completos grandes
Agua suficiente para cubrir los pollos
1 cebolla grande lasqueada
2 hojas de laurel
2 a 4 ramas de apio España
Pimienta negra al gusto
5 cucharadas generosas de polvo de caldo de pollo concentrado

Coloque todos los ingredientes en una olla grande y póngalos a hervir. Ponga la temperatura a un grado suficientemente bajo para mantener los pollos cocinándose a fuego lento por una hora o un poco más. Los pollos deberían cocinarse al punto que los huesos se desprendan de la carne y esta quede suave.

Saque los pollos de la olla y déjelos enfriar un poco. Separe la carne de los huesos y córtela en tantas piezas como desee para su receta.

Tire los huesos y la piel y cuele el caldo restante. (Este consomé es mucho mejor que los enlatados y refrigerados. No requiere sal adicional debido al caldo concentrado. Esta es la receta básica que siempre usamos para cualquier preparación de pollo.)

2 pollos grandes, preparados y cortados según la receta anterior
4 tazas de cebolla picadita
4 tazas de apio España
Ajo fresco picado al gusto
4 tazas de ajíes verdes y rojos picados en trocitos
1 kg de queso amarillo tipo cheddar rallado
2 latas de crema de hongos
4 cajas de espaguetis de medio kilogramo (largo o tipo codito), parcialmente cocinados y escurridos
1 lata pequeña de pasta de tomate
2 tazas de jugo de tomate
Sal y pimienta al gusto
Comino al gusto, usualmente en cantidades abundantes
2 frascos pequeños de polvo picante, o al gusto
1 lata grande de hongos lasqueados
Caldo de pollo sobrante

Queso amarillo cheddar para cubrir la preparación

Sofría la cebolla, el apio España, el ajo y los ajíes hasta que ablanden. Mezcle todos los ingredientes en un recipiente grande, excepto el pollo cocinado y el queso para cubrir. Agregue suficiente caldo de pollo de la receta básica (la anterior), para hacer una mezcla mas concentrada. Cocine a fuego lento durante 15 a 20 minutos, agregando más caldo si es necesario y moviendo ocasionalmente para evitar que se queme. Agregue el pollo cocinado y cortado en trozos y voltéelo en el interior del recipiente varias veces. Cúbralo con el queso rallado. Este plato puede refrigerarse o congelarse hasta el momento en que lo vaya a servir, es muy útil para los tiempos muy ocupados.

Hornee a 350 grados hasta que se cocine por completo y se dore por encima.

Sirva inmediatamente. Satisface a una multitud de comensales hambrientos.

Podría comer esto dos horas seguidas. —Bo

5. Ensalada de pollo

Ingredientes:
Carne de pechuga de pollo cocida cortada en cubos
Mayonesa
Apio picado
Sal y pimienta
Método:
Mezcle los ingredientes hasta que tenga la consistencia y la condimentación deseada. Grandioso sobre lechuga o pan.

Como esto varias veces a la semana. —Bo

De gracia recibisteis, dad de gracia.
(Mateo 10.8)

6
Fuera de algunos titulares

Tanto como he disfrutado el estar en primera plana de la actualidad y la diversión de hacer comerciales y eventos promocionales, hay otras ocasiones en que desearía que Pilgrim's Pride pudiera haber estado *fuera* de los titulares. La mayoría de las personas que han estado en los negocios por algún tiempo saben que no toda publicidad es buena.

El boxeo aficionado fue muy popular en mi parte del mundo cuando era un hombre joven. Algunas de las peleas eran espontáneas, el «show adicional» de un baile típico. Parecía que hombres y mujeres jóvenes que se reunían de diferentes comunidades pequeñas sospechaban un poco unos de los otros. Los jóvenes, parecía, eran particularmente protectores y celosos de «sus chicas». Cuando un tipo de otra comunidad trataba de tener una cita con una de nuestras chicas en Pine, casi siempre había una conmoción.

También practicábamos mucho boxeo oficial en Pine. Teníamos un cuadrilátero de boxeo cerca de la tienda, y tanto niños como adolescentes y adultos boxeaban. Había un torneo de boxeo de adultos en Pittsburg, y recuerdo a mi padre contando acerca de un viaje en particular que hizo a este torneo. Un par de muchachos estaban sentados cerca de él, y parecía que justo antes de cada combate había alguien que anunciaba ser «de Pine, Texas». Uno de estos chicos golpeó a otro y dijo: «Ellos siempre están peleando en Pine». El otro dijo: «No sé acerca de pelear, pero ellos son los peleones más mentirosos».

¡Peleones y mentirosos! ¡Esa no era la reputación de un hombre de Pine! A lo largo de mi vida, no me había preocupado pelear por causas en las que creía, pero no con mis puños. Sin embargo, he rechazado totalmente mentir. He querido ser conocido como una persona íntegra. Quiero que los socios de mi compañía sean personas conocidas por su integridad en todas sus cosas. Quiero que la base de mi toma de decisiones sea esta: Haz lo que sea correcto. Quiero que los socios de mi empresa tengan la misma filosofía como la base de su toma de decisiones. Casi siempre, la gente sabe lo que es correcto.

«No mentir» es lo correcto, ni siquiera cuando se trata con lo que podría ser considerado un punto pegajoso.

En el negocio agrícola, existen cinco asuntos muy pegajosos:

1. Asuntos de bioseguridad
2. Seguridad de los alimentos
3. Seguridad de los empleados
4. Bienestar de los animales
5. Mayordomía ambiental

Cuando comencé en el negocio del pollo, nunca había escuchado el término «bioseguridad». Muy pocas personas, de hecho, solo aquellos en círculos académicos de investigación, parecían utilizar la palabra «ambiental». Los derechos de los animales nunca se discutían. La seguridad se consideraba más una preocupación individual que un asunto de gobierno.

Los tiempos han cambiado.

Estos son asuntos en los que un buen registro es de importancia capital. Estos son temas en los que «ninguna noticia» es una buena noticia, pero también existen asuntos en los cuales se necesita hacer declaraciones si las «malas noticias» no son precisas.

1. PREOCUPACIONES ACERCA DE LA BIOSEGURIDAD

La bioseguridad es una preocupación principal en todas las compañías avícolas. A mitad del último siglo, las enfermedades en los pollos usualmente eran aisladas a una pequeña granja. Una vez que un pollo se enfermaba, había poco que una persona pudiera hacer por él. De hecho, los únicos «expertos» en el campo cuando se trataba de la salud de los pollos eran las personas que estaban criando pollos. Los agentes del condado generalmente no eran especialistas avícolas. No había antibióticos especialmente adaptados a las aves, mucho menos inoculación de pollos.

A medida que las polleras se hicieron más grandes en los cincuenta, fue más fácil que la enfermedad se esparciera de rebaño a rebaño, y se desarrollaron tanto medicamentos como nuevos estándares para prevenir la enfermedad. Los antibióticos vinieron en los cincuenta, pero como todos sabemos, los virus mutan y nuevas enfermedades parecen identificarse siempre. A finales de los sesenta, por ejemplo, la industria del pollo tuvo un problema mayor con algo llamado la enfermedad de Marek, que dejaba la piel del pollo deformada. La enfermedad no hacía a la comida insegura, pero dada la anormalidad, el gobierno condenó los pollos que la adquirían. En algún punto, la industria estaba perdiendo de 10 a 15 por ciento de sus productos por el Marek. Entonces los investigadores desarrollaron una vacuna, y hoy en día, casi nadie que sea nuevo en la industria ha escuchado acerca del Marek.

Otra herramienta para controlar la enfermedad ha sido el «aislamiento» de las polleras. Separar las granjas de pollos mejora las prácticas administrativas.

La pulcritud, por supuesto, es la mejor herramienta preventiva de todas.

Unas cuantas precauciones se toman rutinariamente. Por ejemplo, a los empleados que han tenido contacto con otras aves, pájaros silvestres, o aves mascotas podría no permitírseles trabajar en ciertas áreas de producción viva de la compañía.

Una persona que visita a un gran productor de pollos estos días puede tener que manejar su vehículo a través de una línea de lavado. Este procedimiento es particularmente importante para los vehículos que visitan más de una granja al día. Un lavado antibiótico asegura que ningún agente patógeno que pueda recogerse en una granja sea transmitido a otra. Aquellos que entran en una pollera con frecuencia tienen que pararse en un lavado de pies que mata los agentes patógenos de las suelas de los zapatos. Algunos operadores de pollera insisten en que los visitantes vistan mallas para el cabello, bragas y botas desinfectadas. Usualmente se restringe a los visitantes a áreas específicas. ¿Por qué? Nadie conoce más que el criador sobre cuán devastador puede ser un estallido de enfermedad para la pollera, para sus pollos y finalmente para sus ganancias.

> *Aquellos que entran en una pollera con frecuencia tienen que pararse en un lavado de pies que mata los agentes patógenos de las suelas de los zapatos. Algunos operadores de pollera insisten en que los visitantes vistan mallas para el cabello, bragas y botas desinfectadas. Usualmente se restringe a los visitantes a áreas específicas.*

Las enfermedades que han sido eliminadas en los Estados Unidos, por supuesto, pueden prosperar en muchas naciones alrededor del mundo.

Los titulares en 2004 nos informan que la gripe avícola, muy específicamente la cepa H5N1 de la influenza avícola, está flotando alrededor de Asia. Tres personas murieron de eso en agosto de 2004 en Vietnam, dos de ellas niños. Más temprano en 2004, veintitrés personas murieron en Vietnam y Tailandia, según la Organización Mundial de la Salud. Los que murieron habían sido expuestos a aves enfermas. Han sido reportados estallidos de la influenza avícola en rebaños de aves en Tailandia, Indonesia y China, y también en Vietnam. Una cepa diferente de influenza avícola, el virus H5N2, se reportó en dos granjas de avestruces en la provincia Eastern Cape de Sur África.

Titulares como estos son atemorizantes para el público en general. ¡Y lo que atemoriza al público general aterra a los que estamos en el negocio avícola!

Los hechos son estos: Vigilamos en *todo* momento cuando se trata de la bioseguridad de nuestras aves, no solo cuando hay un estallido de influenza avícola en camino alrededor del mundo. Tomamos precauciones extremas para prevenir la enfermedad entre un rebaño, y si eso llegara a pasar, tomamos medidas extremas para impedir que la enfermedad se propague.

La influenza avícola *no* se contagia comiendo o manipulando productos avícolas procesados. Se sufre solo rara vez si los seres humanos han tenido contacto cercano con aves vivas infectadas. Además, cuando se cocina el pollo la influenza avícola no puede sobrevivir.

2. Los casos de seguridad alimenticia son muy raros

La contaminación de la comida está rara vez al nivel de la planta de procesamiento. Las estadísticas apoyan eso. Casi siempre la contaminación ocurre en las manos del consumidor privado. Ocasionalmente la mala manipulación puede ocurrir en una tienda o restaurante.

La gente les ha dicho a los representantes de nuestro servicio al cliente que nuestro pollo estaba malo al momento en que lo llevaron a sus mesas. Ellos quieren su dinero de vuelta, y nosotros se lo devolvemos, sin importar las razones de su insatisfacción. Invariablemente, sin embargo, cuando a estas personas se les pregunta más acerca de cómo manipularon los productos que habían recogido en la tienda, aprendemos que dejaron el pollo en el maletero del carro bajo el sol caliente durante largas horas antes de que lo llevaran a casa, desde el supermercado a sus propias cocinas... o ellos dejaron el pollo fuera para descongelarlo en una despensa caliente por varios días antes de cocinarlo... o fallaron en cocinar el pollo (al menos a 160 grados de calor)... o fallaron en lavar sus manos cuidadosamente mientras lo preparaban para cocinarlo... o fallaron en refrigerar las sobras del pollo tan pronto como fue cocinado. Alguna contaminación también ocurre porque la gente utiliza utensilios y equipos de cocina para preparar ensaladas y vegetales crudos inmediatamente después que usan esos mismos utensilios y tazones para cortar o preparar pollo crudo. Cualquier utensilio o pieza de equipo utilizada en la manipulación de aves crudas debe lavarse siempre cuidadosamente con agua caliente y jabón antes de que se emplee otra vez para otro propósito en la cocina.

El pollo es un producto perecedero. Necesita ser manipulado y almacenado de manera apropiada.

3. La seguridad de la planta es una prioridad superior

Una de las cosas por las cuales he estado más preocupado desde los inicios de Pilgrim's Pride ha sido nuestras normas de seguridad empresarial. La gente no puede trabajar y apoyar a su familia si se siente herida. Si se ausenta del trabajo, no solo sufrirá la productividad, sino que la moral baja. Un buen registro de seguridad es una prioridad muy alta para mí.

Las regulaciones del gobierno establecidas por la Occupational Safety and Health Administration (OSHA) son la protección mínima que buscamos para nuestros trabajadores. Los accidentes pueden ocurrir, por supuesto. Sin embargo, hacemos lo máximo para prevenir que sucedan porque creemos que son prevenibles.

Una medida de actuación de seguridad aceptada universalmente es el rango de días laborales perdidos de la OSHA. El rango refleja el número de empleados por cien que pierden un día de trabajo en el período de un año y tienen que trabajar en una labor diferente a la rutinaria debido a una lesión de trabajo. El promedio de la industria es 0.8 trabajadores de 100 que caen en estas dos categorías. En Pilgrim's Pride, nuestro rango actual es 0.5, menos de una persona cada 100 que falta un día de trabajo o que tiene que trabajar en algo diferente debido a una lesión.

Primero comenzamos a recibir honores destacados por nuestros registros de seguridad en 1993 cuando la planta Lufkin Processing Plant completó las 3.511.002 horas-hombre de trabajo sin experimentar una lesión que produjera tiempo perdido. Esto marcó un récord nacional para la industria avícola, y nos dieron el prestigioso premio Award of Honor del Consejo de

Seguridad Nacional así como cartas de recomendación del gobernador de Texas An Richards y del entonces presidente Bill Clinton. En 1995 la misma planta alcanzó un nuevo récord de 3.6 millones de horas-hombre sin lesiones de tiempo perdido. ¡Recuerda que estas horas-hombre se relacionan con instalaciones que tienen muchas piezas móviles de maquinaria y algunos cuchillos giratorios!

El promedio de la industria es 0.8 trabajadores de 100 que caen en estas dos categorías. En Pilgrim's Pride, nuestro rango actual es 0.5, menos de una persona cada 100 que falta un día de trabajo o que tiene que trabajar en algo diferente debido a una lesión.

He aquí otros destacados logros de seguridad de los que nos enorgullecemos:

- El molino de Nacogdoches, Texas, trabajó más de once años sin perder un día por daños.
- La incubadora de De Queen, Arkansas, trabajó más de diez años sin perder un día por daños.
- Nuestra planta procesadora en Marshville, North Carolina, alcanzó millones de horas seguras, sin accidentes que lamentar.
- Nuestra planta procesadora en Enterprise, Alabama, alcanzó los dos millones de horas seguras sin perder un día de trabajo por daños.
- Nuestra planta de comidas preparadas en Canton, Georgia, alcanzó los dos millones de horas seguras sin perder un día de trabajo. Nuestra planta procesadora or daños.
- Nuestra planta procesadora en De Queen, Arkansas, alcanzó los dos millones de horas seguras sin perder un día de trabajo por daños.
- La planta procesadora de El Dorado fue reconocida oficialmente por el Departamento del Trabajo del estado de Arkansas después de que había compilado 3.000.500 horas-hombre de operación sin un accidente con tiempo perdido. La planta ha alcanzado ahora las 4 millones de horas-hombre sin un accidente.

¿Por qué le cuento esto?

Porque lo que una compañía hace acerca de su seguridad envía una señal muy fuerte en cuanto a la manera en que los líderes empresariales valoran a sus empleados socios. Una compañía que va más allá de las normas mínimas de seguridad es una que esencialmente dice a sus trabajadores: «Los queremos bien, los queremos completos, los queremos aquí en el trabajo haciendo su mejor esfuerzo, y queremos que sean todo lo que puedan ser y que hagan lo mejor que puedan hacer». El mensaje puede no estar articulado en un cartel en la pared, pero es uno que todo empleado entiende en el nivel más básico.

Los mismos empleados están orgullosos de los récord de seguridad. Un buen récord es una marca de logro que no tiene que ver con los cheques de pago. Es una reflexión de calidad en los procesos y procedimientos. En la mayoría de los casos, los empleados que están conscientes de sus logros en presentar registros altos de ningún día perdido vienen a ser muy competitivos acerca de estos registros, formando algo como un equipo en toda la compañía que considera las estadísticas como el enemigo en vez de a otra compañía. Para mí, esa es una competencia saludable.

Si vamos por un *knockout* en Pilgrim's Pride, quiero que sea un golpe fulminante contra los viejos récord de seguridad. Sin sangre, sin dolor... solo gloria.

Una reconstrucción rápida

He descubierto a través de los años que la gente que está orgullosa de su récord de seguridad y que tiene la moral alta son más rápidos en recuperarse de un accidente o de un incendio que aquellos que tienen un pobre récord de seguridad y la moral baja.

Todas las plantas manufactureras y procesadoras, así como todas las fábricas, enfrentamos la posibilidad de fallas mecánicas. Ningún proceso mecánico es nunca inmune a fallar, sin importar las precauciones que se tomen. Tuvimos un accidente tal en enero de 1992 cuando un incendio se desató en nuestra planta de comidas preparadas en Mount Pleasant. Una línea hidráulica defectuosa en una freidora se aflojó.

Cerca de un tercio de nuestros empleados estaban trabajando en la planta cuando el incendio se desató, 1.100 personas de los 3.200 empleados. Evacuamos exitosamente la instalación, y solo 4 personas tuvieron que ser ingresadas en el hospital. Solo una estaba seriamente herida. La evacuación tomó menos de cinco minutos, y el propio sistema de incendios de la planta extinguió el incendio para el momento en que llegaron los bomberos. Si hubiéramos perseguido cualquier cosa menos que los máximos estándares de seguridad, podríamos haber tenido una tragedia real. Como sucedió, el incendio fue reducido a solo una línea de producción, y fuimos capaces de reabrir en cinco días.

También tuvimos un incendio en la planta de Lufkin el 25 de julio de 1993. Las buenas noticias fueron que nadie resultó herido. La mala noticia fue que una porción significativa de la planta fue destruida más allá de cualquier reparación. La noticia *asombrosa* fue que la porción destruida de la planta fue reconstruida en setenta y ocho días, lo cual fue un récord para la reconstrucción de una instalación de procesamiento de pollo. Nuestros empleados realmente halaron juntos como un equipo. Los gerentes juntaron equipos, ideas y mano de obra. No perdimos ni una entrega programada a nuestros clientes regulares.

El esfuerzo de reconstrucción requirió transportar 600 cargas de escombros desde el lugar, así como adquirir nuevos equipos y suministros de construcción. La nueva porción de la planta tiene 3.000 metros cuadrados, incluyendo 15 kilómetros de cable, 100 kilómetros de alambre, y 217 piezas nuevas de equipo operativo. Esa planta para el momento empleaba más de 700 personas y era capaz de procesar 850 mil aves en una semana. Los costos de renovación sobrepasaron los 6 millones de dólares.

4. El tratamiento humano de los animales es un deber

Aunque estoy siempre a favor del tratamiento humano de los animales, sí creo que Dios nos ha dado permiso total para matar y comer pollos. Génesis 9.1-4 lo explica llanamente:

«Fructificad y multiplicaos, y llenad la tierra... todo animal de la tierra... toda ave de los cielos, en todo lo que se mueva sobre la tierra... todos los peces del mar; en vuestra mano son entregados. Todo lo que se mueve y vive, os será para mantenimiento: así como las legumbres y las plantas verdes, os lo he dado todo. Pero carne con su vida, que es su sangre, no comeréis».

La gente puede elegir ser vegetariana si quiere, pero Dios ciertamente nunca ha ordenado a su pueblo que lo sea. Más adelante, en la Biblia, encontramos listas de comida que Dios considera «inmunda» para que su pueblo no coma, por el bien de su salud. ¡El pollo no está en esa lista!

Con el fin de que la gente ingiera pollos, tienen que ser procesados. Ellos deberían hacerlo de una manera eficiente, y que resulte en el menor trauma posible para la carne del pollo.

Ciertamente respeto que los grupos de defensa del derecho del animal protesten ciertas prácticas, pero *no* creo que ningún grupo tenga el derecho de mentir o representar mal los hechos, para hacer daño físico a los empleados o a la propiedad de las organizaciones con las cuales están en desacuerdo, o forzar su agenda sobre otros por el bien principal de su propia ganancia financiera.

Déjame dirigirme muy brevemente al asunto de la cobertura de los medios para los grupos en defensa de los animales. En mi opinión, a estos grupos se les da cobertura mucho más seria de la que merecen simplemente porque ellos tienden a ser altisonantes, perjudiciales, y extravagantes en sus demostraciones. Algunas veces ellos son extraños en sus reclamos. Los reporteros necesitan ser muy cuidadosos retransmitir los hechos e imágenes sin verificar primero esos hechos e imágenes contra la ciencia real. Los reporteros también necesitan cavar un poco más profundo a veces para encontrar solo cuánta gente está protestando, y por qué beneficio personal.

Cuando algo se reporta que resulta ser falso, se necesita dársele un espacio equivalente para admitir el error y presentar la verdad.

Déjame darte el ejemplo de algo que sucedió en nuestra planta de Moorefield, West Virginia. Fuimos acusados de tratar a las aves de forma inhumana, y francamente fuimos espantados y ultrajados con los alegatos que hicieron contra nosotros. Aquellos que hacían los alegatos tenían una cinta de video que mostraba maltrato y mal manejo de aves vivas. Las acciones estaban en completa y directa contradicción de nuestras prácticas y políticas de bienestar animal. Dimos varios pasos de inmediato.

Primero, iniciamos una investigación agresiva y cuidadosa. Al final, despedimos a once empleados por violar nuestras políticas de bienestar animal.

Segundo, paramos la producción en todas las veinticinco plantas «vivas» para revisar nuestras políticas de bienestar animal previamente establecidas con *cada* empleado y supervisor que maneja animales, y requerimos las firmas de cada uno de estos empleados para reafirmar su comprensión de las políticas.

Tercero, formamos una fuerza de bienestar animal independiente y contratamos al doctor Temple Grandin, uno de los expertos más reconocidos a nivel mundial en el campo del bienestar animal, para evaluar las prácticas de bienestar animal de la planta Moorefield.

No toleraré ningún maltrato descarado de nuestros animales por ninguno de nuestros empleados. Cualquier empleado que maltrate animales en violación de la política de la compañía se despide inmediatamente.

Me molestó oír que la persona que supuestamente atestiguó estos abusos, un así llamado «investigador del bienestar animal», no nos lo reportara de inmediato. Aunque trabajó para nuestra planta más de ocho meses, no reportó ningún abuso hasta el día previo al que un reporte anónimo llegó a nuestro teléfono de atención al cliente. La cinta de video se hizo

> No toleraré ningún maltrato descarado de nuestros animales por ninguno de nuestros empleados. Cualquier empleado que maltrate animales en violación de la política de la compañía se despide inmediatamente.

durante ese último día de trabajo. Se ocultó de la gerencia de Pilgrim's Pride por más de dos meses. Si él hubiese presentado la evidencia captada en cinta de video antes o nos hubiera dicho acerca de sus descubrimientos, podríamos haber tomado acciones correctivas y disciplinarias pronto.

Desde el punto de vista de la gerencia, también reconozco que tanto como cualquier compañía trata de emplear a gente excelente, de tratarlos de forma excelente, y confiarles responsabilidades importantes, ningún equipo gerencial puede asegurar totalmente que algunos empleados no romperán las políticas corporativas y las reglas voluntariamente y maliciosamente.

El bienestar animal es un tema serio. No solo porque tratar bien a nuestros animales es lo correcto, sino porque el buen tratamiento de los pollos ayuda a asegurar productos saludables de alta calidad.

5. Los granjeros son los primeros ambientalistas que conozco

Todo buen granjero que conozco es un ambientalista de corazón. La buena administración de la tierra, el aire y el agua es básica para el buen granjero.

Las buenas prácticas ambientales son vitales para mí en dos frentes principales. Primero, como cristiano, considero un deber sagrado ser un buen mayordomo de esta tierra que Dios creó y nos confió a los seres humanos para que la cuidáramos. No puedo esperar lo mejor de Dios para Su tierra si yo no estoy dispuesto a hacer mi mejor esfuerzo por Su tierra, incluyendo la tierra, el agua y el aire.

Segundo, a largo plazo, las buenas prácticas ambientales son un buen negocio. Los recursos renovables de esta tierra producen más si ellos son rutinariamente reaprovisionados, restaurados y enriquecidos.

En muchas partes del país, los subproductos del pollo de granjeo son considerados tremendos activos que fertilizan los pastos para que el ganado paste y fertiliza los lados de las autopistas para un paisaje bello.

En 1987 creamos una presa de tratamiento de agua para remover las partículas sólidas del agua de desecho. Esta división de la compañía perdió dinero durante algunos años así que finalmente la vendimos a Andritz-Ruthner Inc., que tenía experiencia previa en este tipo de negocios. La firma maneja la operación con éxito, y para nuestro beneficio, Andritz-Ruthner está situada cerca de nuestro molino de alimentos en la calle South Texas en Pittsburg.

La preocupación principal para muchas personas ha sido si los desechos del pollo llegan a los suministros municipales de agua. En Pilgrim's Pride hemos gastado miles de horas-hombre e indecibles cantidades de dinero para producir sistemas de irrigación del pasto que mantienen los biosólidos del pollo fuera de las fuentes de agua y dentro de los pastos como una forma de fertilizante. Hasta donde entiendo, este es un medio notable de reusar y reciclar, una parte de la granja beneficia a otra parte de la granja, y el proceso completo permanece orgánico.

Además, nuestras casas criadoras de aves contratadas están especialmente diseñadas para prevenir la contaminación de las fuentes de agua y de la erosión del suelo, y los criadores de Pilgrim's Pride son animados a utilizar las mejores prácticas gerenciales, incluyendo almacenamiento de basura e instalaciones de abono, donde sea apropiado. Hacemos énfasis en el manejo y la gerencia apropiada de la basura y los desperdicios del rebaño; además, requerimos sujeción a todas las leyes y regulaciones ambientales estatales y locales.

Junto con nuestros criadores y socios, Pilgrim's Pride acepta orgullosamente la responsabilidad como administrador de la tierra, el aire y el agua. Invertimos en prácticas agrícolas modernas y dedicamos talento, tiempo, investigación y recursos a proteger el ambiente como parte de nuestras actividades diarias. Estoy muy orgulloso de que Pilgrim's Pride Corporation y muchos de nuestros criadores hayan ganado premios en reconocimiento a nuestra mayordomía del ambiente.

Lo que el consumidor quiere, y quiere saber

A lo largo de los años, he llegado a creer que lo que el cliente quiere es un producto seguro de alta calidad en el supermercado o en la venta o restaurante de comida rápida, y eso es lo que nos proponemos suministrar. El consumidor promedio se preocupa muy poco por lo que la compañía hace para asegurar la seguridad en la planta, para salvaguardar el ambiente, para proteger contra la contaminación y la enfermedad, entre otras cosas. Estos asuntos son de interés solo si un producto en particular emitido en un momento particular se evalúa como peligroso. Muy poco bien se hace discutiendo errores corporativos al azar y aislados en los medios públicos, y mucho mal puede hacerse a una compañía que tiene un registro general notable, o es falsamente acusada o difamada por reportes sesgados o imprecisos.

Lo bueno es cuando los errores en estas áreas salen a la luz dentro de una compañía, o cuando los problemas los notan los inspectores externos y los traen a la atención de la gente que puede arreglar los problemas.

Ningún ejecutivo que conozco en la industria de los alimentos, o en cualquier industria para el caso, busca dañar intencionalmente a los clientes. Lo exactamente opuesto es la verdad. Lo que no entiendo es por qué algunas personas en los medios parecen dispuestas a buscar dañar a buenas compañías que rutinariamente producen buenos productos por el buen beneficio económico de sus propias comunidades.

En Pilgrim's Pride cuidamos a nuestra gente, cuidamos a nuestras aves, cuidamos los alimentos que procesamos y preparamos y cuidamos el ambiente. Esto es lo correcto, y también es un buen negocio.

Hacedlo todo para la gloria de Dios.
(1 Corintios 10.31)

7

Una estrategia ganadora
y socios ganadores

A los tejanos no les gusta perder, y yo soy tejano.

Nos gusta ganar en el fútbol... en los concursos de belleza... en lo político... en la extensión de las haciendas... ¡y en el negocio avícola!

Ganar exige persistencia, un compromiso continuo con las metas y los valores.

Uno de nuestros altos ejecutivos dijo una vez que yo soy «mitad pit bull». No me molesta esa descripción en lo más mínimo. Ciertamente no soy un hombre vicioso, pero yo sé que eso no es lo que este hombre quería decir. Él quería decir que cuando yo hundo mis dientes, mi mente, mi corazón, mi compromiso, en algo, no lo dejo ir. Él también dijo: «No hay renuncia en Bo».

Si te doy mi palabra, me apego a lo que dije.

Si te soy leal hoy, puedes contar con que te seré leal mañana.

Si hago un compromiso, mantengo ese compromiso.

Si comienzo un proyecto, lo termino.

Lo que soy, espero que los demás alrededor de mí también lo sean.

La persistencia, rasgo tan valioso, no es suficiente. Ganar amerita más que valor crudo y agallas. Para ganar, un equipo necesita un plan de juego. Todo entrenador de secundaria de un pueblo pequeño en Texas sabe el valor de tener una «estrategia ganadora», y yo también.

En Pilgrim's Pride tenemos una estrategia quíntuple:

1. Usar la mejor tecnología en cada área de nuestra empresa.
2. Crear reconocidas marcas de productos (para pollos, huevos y pavos). Con orgullo ponemos el nombre «Pilgrim's Pride» en lo que producimos.
3. Enfatizar la investigación y desarrollo productivos para generar nuevos productos que los clientes perciban que tienen valor agregado.
4. Buscar constantemente maneras de mejorar la eficiencia y el valor agregado al cliente y a los accionistas.
5. Continuar penetrando los crecientes mercados de México y Puerto Rico.

Lo específico para nuestras estrategias, por supuesto, son secretos de negocio, justo como las jugadas ganadoras de un entrenador de fútbol. Sin embargo, estoy feliz de darte algunas impresiones dentro de nuestra compañía compartiendo las declaraciones que nos guían. Encontramos muy ventajoso poner nuestra misión de negocios y nuestra estrategia en foco en solo una hoja de papel para que cualquier persona, cliente, vendedor, socio empleado, gerente, o inversionista pudiera leerlo rápidamente.

Nuestra declaración de misión: Nuestro trabajo es satisfacción al cliente destacada, todos los días.

Garantizamos que si un cliente no está satisfecho con la calidad de nuestro producto, él puede enviar prueba de compra y precio para reembolso total.

Nuestro propósito: Dentro de la voluntad de Dios, ayudar a salvar la América rural en los Estados Unidos, Puerto Rico, y México creando empleos a través de la producción de pollo, pavo y EggsPlus™ saludables y económicos para el resto del mundo.

Visión: Ser una compañía alimenticia de clase mundial… mejor que la mejor.

Para mí, ser una compañía de clase mundial significa tener fortaleza financiera, instalaciones, experiencia gerencial y socios empleados motivados que puedan competir y *ganar* contra competidores en cualquier lugar del mundo.

Valores centrales: En Pilgrim's Pride, nuestros valores centrales son nuestro fundamento. Nuestros valores nos guían en nuestras decisiones diarias y dictan nuestra estrategia de negocios general.

Nos esforzaremos por ser una compañía de personas conocidas por la integridad en todos nuestros asuntos. La base de nuestras decisiones será hacer lo correcto, no sólo en términos de lo que es técnicamente correcto, sino haciendo lo que es justo y equitativo a la luz de las circunstancias. Trataremos sinceramente y sin engaño con nuestra palabra como lazo, y esperaremos reciprocidad; viviendo por el espíritu —no sólo por la letra— de la ley.

A estas afirmaciones, que son las declaraciones básicas hechas por muchas compañías, agregamos una que no se hace con mucha frecuencia: la declaración de un principio guía. Es la base fundamental de todas las otras declaraciones.

Nuestro principio guía: La Regla de Oro: Así que, todas las cosas que queráis que los hombres hagan con vosotros, así también haced vosotros con ellos (Mateo 7:12).

Usted encontrará nuestro principio guía en la primera página, como la primera declaración de nuestro manual Partner Handbook. Nuestra misión y garantía fluye de ese principio rector y, no tengo duda de que si permanecemos comprometidos con él, cumpliremos nuestra visión de ser mejores que los mejores en el escenario mundial.

Declaramos algunas otras cosas en ese manual que usted puede encontrar interesantes. Soy un firme creyente en que primero es lo primero, y esas afirmaciones en las dos páginas iniciales de este manual dan el tono para cómo hacemos las cosas en Pilgrim's Pride. No son sólo palabras. Son un reflejo de la manera en que elijo vivir mi vida personal y cómo quiero que nuestros socios se conduzcan.

Objetivos Estratégicos:
- Aumentar las ventas, el margen de rentabilidad y las ganancias a un mínimo de cuatro por ciento sin impuestos.

- Continuar creciendo y mantener nuestra posición de liderazgo en la industria avícola.
- Convertirnos en los líderes más reconocidos en cada canal principal de mercado como: detallistas, comida rápida, empresas industriales nacionales y exportadoras de pollo, huevos y pavos.

Filosofía de gerencia: Mejora continua.

Nuestra integridad: Nos esforzaremos por ser una compañía de gente conocida por su integridad en todos nuestros tratos. La base de nuestras decisiones será *hacer lo que es correcto*.

Nuestro manual del empleado sigue diciendo que «hacer lo correcto» es «no solo en términos de lo que es técnicamente correcto, sino haciendo lo que es justo y equitativo a la luz de las circunstancias. Haremos tratos de manera honesta y no engañosa con nuestra palabra como lazo, y esperamos reciprocidad, viviendo por el espíritu, no sólo por la letra de la ley».

Nuestros Socios: Reconocemos a nuestros socios como nuestro activo más valioso, respetándolos, brindando compensación justa, trabajo significativo, tratamiento justo y un ambiente de trabajo seguro. *Mejoría continua* será nuestra filosofía de gerencia guía. Reconociendo el potencial dentro de cada persona, habilitaremos a los socios con autoridad al nivel más bajo razonablemente posible.

Requeriremos responsabilidad tanto para los resultados como para los métodos por los cuales se logren.

Se espera que los socios sean leales y completamente dedicados a sus empleos; sin embargo, reconocemos la importancia de la vida personal de cada socio y reconocemos la necesidad de balancear el trabajo de uno con las necesidades espirituales, las necesidades familiares y las necesidades personales.

Promoveremos con base en los méritos, deseando minimizar la influencia de políticas interpersonales.

Un buen socio

1. Cuida tanto de sus compañeros trabajadores como de la compañía.

2. Cree en el *trabajo en equipo*.
3. Ama su trabajo y su familia.
4. Trabaja duro.
5. Participa en Mejora Continua en mejor diseño, costos reducidos, calidad mejorada, y servicio a nuestros clientes; mejor que la competencia.
6. Es honesto.
7. Es fiable cada día.
8. Respeta la supervisión.
9. Reconoce que la compañía debe tener ganancias para sobrevivir.

He sido muy bendecido por tener un notable equipo de alta gerencia. ¡Su experiencia en liderazgo totaliza más de trescientos años en el negocio avícola! Tenemos un núcleo sólido de gerencia media, que posiciona muy bien a la compañía para el crecimiento y el desarrollo futuro. Nuestra fortaleza real escondida descansa en nuestros más de 40.000 socios-empleados dedicados y en varios miles de leales criadores contratados.

Sellos de un socio ganador

Puedo no saber mucho acerca de lo que se necesita para crear una receta ganadora en la cocina; a través de los años, he dejado eso a los expertos, y principalmente a mi esposa, Patty. Sin embargo, sí sé lo que ha sido nuestra receta ganadora en el negocio:

- Utilice los mejores ingredientes.
- Maneje los ingredientes con cuidado, con revisión cuidadosa y esmerada y la diligencia debida.
- Prepare la comida con destreza, utilizando equipos dedicados y bien entrenados que trabajen cada detalle.
- Sirva la comida con orgullo.

Creo que los primeros tres de estos factores de receta también se relacionan con los socios empleados ganadores. Buscamos emplear a la mejor gente, manejarlos con cuidado, y prepararlos para sus empleos con suficiente entrenamiento en cada detalle. Sabemos que ellos se enorgullecerán en lo que hacen si nosotros hacemos nuestra parte.

La mayoría de la gente de negocios tiene cierta cantidad de destreza evaluando oportunidades de negocio. Algunos están más entrenados que otros. Algunos sólo parecen tener una inexplicable habilidad para sentir un buen trato. Igualmente importante, creo, es la habilidad para evaluar gente, especialmente aquellos que están buscando trabajar contigo.

Busco una persona que muestre las siguientes cualidades.

Genuino

Busco una persona que sea genuina. Me gusta una persona que no se dé aires, que dice lo que quiere decir, que tiene sentido del humor, y que es consistente de lugar en lugar, vez tras vez, y de situación en situación. Lo que ellos creen, lo dicen. Lo que dicen, es lo que quieren decir. Cuando dicen que van a hacer algo, lo hacen. Son quienes son, hasta la médula.

Ansioso por trabajar

E. Stanley Jones fue un grandioso líder espiritual y un aventurero alrededor del mundo. En uno de sus libros contó esta historia:

Una vez bajé de Almore por uno de los caminos más zigzagueantes del mundo. El conductor del bus nunca había conducido en los Himalayas antes, y sucedió que en su primer viaje el día anterior, él casi se había ido por uno de esos aterradores y empinados riscos. Él estaba nervioso; así que antes de comenzar otra vez él vino al frente del motor y se paró con manos dobladas, diciendo sus oraciones a la máquina. Hecho eso, comenzamos, pero no habíamos ido lejos cuando el motor comenzó a recalentar. ¡No había agua en el radiador! Esto se remedió. Pero cuando todavía estábamos a muchas millas de nuestro destino, la máquina se paró mientras subíamos una colina. ¡No había gasolina en el tanque! Allí nos quedamos hasta ser rescatados. El conductor dijo sus oraciones a la máquina, pero no puso ni agua en el radiador ni gasolina en el tanque.²

Creo muy fuertemente en una fe que va a la ofensiva haciendo algo práctico y tangible. Me gusta la gente que se mantiene ocupada haciendo algo beneficioso o positivo. Hubo un tiempo cuando estuve muy frustrado dado que una falla del equipo había cerrado nuestra planta en Mount Pleasant. No podía tolerar ver a algunos de mis mejores hombres parados por ahí mientras los técnicos trataban de arreglar el problema para que pudiera ser reparado... así que les repartí escobas a todos. Quería que algo se hiciera, aunque fuera limpiar el piso.

> Hubo un tiempo cuando estuve muy frustrado dado que una falla del equipo había cerrado nuestra planta en Mount Pleasant. No podía tolerar ver a algunos de mis mejores hombres parados por ahí mientras los técnicos trataban de arreglar el problema para que pudiera ser reparado... así que les repartí escobas a todos. Quería que algo se hiciera, aunque fuera limpiar el piso.

Animo a aquellos que contratan en Pilgrim's Pride a buscar una persona que esté dispuesta a trabajar duro y a trabajar hasta que el trabajo esté terminado.

Mi hermana menor Margaret, a quien amo mucho, trabajó con Aubrey y conmigo varios años como secretaria en el molino de alimentos. Un día la atrapé en la puerta, simplemente esperando que sonara el silbato de las cinco en punto. Su bolso estaba en su mano, y ella estaba lista para salir en el momento en que el silbato sonó. Le dije: «Margaret, no te vayas hasta que el trabajo esté terminado». Nunca la atrapé parada en la puerta otra vez.

Tengo un hábito personal de levantarme temprano para poder comenzar bien el día. Pero mi política de ir a casa siempre ha sido: No te vayas hasta que el trabajo que necesita ser terminado ese día se haya completado.

¿Cómo puedes saber lo que necesita hacerse en un día dado?

No conozco ninguna fórmula para eso, pero sí sé que casi todo gerente que he conocido tiene una buena comprensión en cualquier día dado de lo que *debe* lograrse en ese día para que el trabajo se haga de manera satisfactoria.

Aquellos que se van del trabajo dejando cosas sin terminar experimentan mucho más estrés que aquellos que se quedan un poco más y completan el trabajo. Aquellos que terminan un trabajo están también mucho más ansiosos por trabajar al día siguiente, un trabajo «sin terminar» se convierte en un trabajo «de sobra», y la mayoría de las personas no encuentran motivador tener que enfrentar las sobras temprano en la mañana.

Una persona ansiosa y dispuesta a trabajar hasta que el trabajo esté hecho es probable que sea fiel y leal, que son también rasgos que admiro grandemente en un socio.

Fiel y leal

Usted no puede comprar o entrenar en lealtad y fidelidad. No es un asunto de inteligencia ni educación. Todos conocen a un empleado en nuestra organización cuyo nombre es Bill. Él no es un hombre muy educado. No estoy seguro de que sepa leer. Pero este hombre es excelente en el trabajo manual. Él trabaja podando el césped alrededor de nuestros edificios, y se deshace de la mala hierba. Él es un empleado fiel y leal. Él habla abiertamente acerca de su predicador y de su relación con el Señor Jesús. Lo considero muy valioso.

Rayfield Bennet es otro hombre que ha sido extremadamente leal y fiel para mí. Él trabajó con mi hermano mayor Harold en su granja cuando él era apenas un niño, y después, él trabajó para Aubrey y para mí. Él estuvo con la tienda de comida al detal y el almacén por quince años, y luego fue transferido al molino de alimentos donde ha estado trabajando por aproximadamente cuarenta años. Eso es un tiempo largo para que un empleado se quede con usted. Estoy agradecido.

Aprender y crecer

Uno de los mejores rasgos en un empleado es la habilidad de admitir un error, de aprender de él y nunca cometerlo de nuevo. ¡La dificultad con este rasgo es que con frecuencia no lo descubre hasta que una persona comete un error y necesita su perdón!

Hace años mi hijo Ken vino a mi enojado porque un hombre parecía estar robándole a la compañía. Él quería despedir al hombre. Dije: «Ken, siéntate con este hombre. Dale una oportunidad de admitir su mal comportamiento. Si admite lo que sospechas que ha hecho, dile: "Si lo haces otra vez, serás despedido de esta compañía". Si el hombre cambia, tendrás un empleado honesto y más leal. Estarás adelante a largo plazo. Si despides al hombre, podrías descubrir que has contratado a una persona en reemplazo que también roba».

A través de los años, he tomado este enfoque con varios de mis gerentes de nivel medio; en cada caso, había una fuerte evidencia de mal comportamiento. Dos de los hombres admitieron sus faltas, estuvieron agradecidos por la segunda oportunidad, y se convirtieron en excelentes empleados de larga data. Dos no admitieron sus faltas, y muy pronto después, ellos abandonaron de su propia voluntad porque temían que su mal comportamiento fuera revelado de maneras aún mayores.

¿Por qué tomar un enfoque de perdón y segunda oportunidad? Porque todos cometemos errores. Todos necesitamos perdón. Todos necesitamos misericordia.

Ciertamente no abogo por permitirle a alguien continuar con un patrón de mala conducta, pero en la mayoría de los casos, si puede ayudar a un empleado a cambiar sus modales y a crecer en carácter, él será un buen empleado desde ese punto en adelante. Se habrá ahorrado los gastos asociados con despedir a alguien y luego contratar y entrenar a alguien nuevo. Usualmente toma bastante menos tiempo y dinero entrenar y luego reentrenar a un empleado, o disciplinar y mantener a un empleado, que contratar uno nuevo.

La verdad es que, algunas veces la misma persona o situación que podría parecer un inconveniente se vuelve un tremendo activo.

Teníamos algo como una lección cómica en esto hace muchos años mientras Patty y yo hacíamos planes para ir al Cotton Bowl. Invitamos a uno de mis amigos de la infancia y primeros empleados, James Shaddix, y a su esposa para que fueran con nosotros. James se había roto la pierna hacía unos pocos meses, y tenía miedo de tener inconvenientes para el viaje. Yo insistí en que fuera. Cuando él llegó al juego, le dije al empleado del estacionamiento: «Tengo un hombre con muletas», y nos dieron un espacio de prioridad para estacionar tan cerca de la puerta como fuera posible. James no era en lo más mínimo un estorbo, ¡era un activo!

La gente con la que a veces tiene problemas en el comienzo de su empleo puede con frecuencia ser retados y entrenados para estar entre sus mejores trabajadores durante años. No renuncie a la gente demasiado pronto.

La suprema importancia del buen carácter

Existe un factor que se elevan sobre todos los demás que he mencionado hasta ahora. Es el factor del carácter. Está en la base de lo que hace a una persona genuina. Es lo que motiva a una persona a trabajar duro, a ser fiel y leal, y a aprender y crecer a través de los errores.

Uno de mis amigos me hizo un tremendo cumplido recientemente. Le dijo a un amigo mutuo: «Si yo necesitara a Bo, él estaría aquí en un minuto. Él es la primera persona fuera de mi familia a la que yo llamaría en caso de emergencia».

Ese es el tipo de persona que quiero trabajando a mi lado.

Existen varias cosas que estoy convencido que Dios quiere que cada persona sea. Él determina los estándares, no nosotros. Dios especialmente reta a los cristianos a ser:

- Amorosos (1 Samuel 18.1-4; 19.1-7; 20:4-42) Jesús nos reta a amar a los demás sin importar sus acciones o respuestas a nosotros.
- Gozosos (Nehemías 8.1-3, 5-6, 9-17). El gozo cristiano viene del Señor, no de las circunstancias externas.
- Apacible (Génesis 26.17-31). La verdadera paz es una reacción positiva primero con el Señor, luego con nosotros mismo, y luego con otros.

- Perseverantes (1 Samuel 1.1-17, 10-17, 19-20). El Señor capacita a los creyentes para perseverar en medio de las dificultades y a no descorazonarse.
- Amables (2 Reyes 4.1-17). Dios desea que tratemos a la gente como individuos de valor, haciendo actos de bondad en su favor, sin esperar nada a cambio.
- Correctos en el actuar (2 Reyes 22.1-13, 18-20, 23.21-25). Hacer lo correcto es un resultado de la correcta relación con Dios.
- Fieles (Génesis 6.5-9, 12-14; 7.1-3, 5; 8.1; Hebreos 11.7). Ser fieles es obedecer lo que Dios dice.
- Humildes (Éxodo 18.14-24; Números 12.3; Hebreos 11.24-26). Ser humildes es utilizar su poder y su fuerza para hacer cosas amables y grandiosas por otros.
- Controlados (Daniel 1.1-15). Dios da a los creyentes el poder de auto-controlarse. Aquellos que se disciplinan cuando son jóvenes son capaces de vivir su vida entera para el Señor.

He enseñado estos principios a mi clase de escuela dominical. Creo que ellos están en la forma de los mandamientos a los cristianos, y ellos ciertamente son cosas que busco reflejar en mi propia vida. No tengo ninguna duda de que Dios promete ayudar a los cristianos a reflejar estos rasgos del carácter en sus vidas si ellos desean hacerlo.

Como presidente de la junta, no puedo *exigir* que cada miembro de la junta, o miembro del equipo ejecutivo, o socio empleado persiga estas cualidades del carácter. Existen sin embargo tres cosas que *puedo* hacer.

Primero, puedo hacer todo esfuerzo posible para reflejar estas cualidades en mi vida y en mis interacciones con otros, incluyendo las interacciones en el trabajo y en la comunidad.

Segundo, puedo animar abiertamente a otros con quienes trabajo y vivo a elegir con su voluntad individual a hacer el desarrollo de buen carácter una prioridad en su vida personal. Puedo animar a mis colegas y socios-empleados a mostrar los comportamientos que fluyen de los rasgos del carácter apenas apuntados. Puedo retarlos a ser:

- Afectuosos y generosos en demostrar su aprecio, que es la expresión más apropiada de amor en el lugar de trabajo.
- Positivos en su actitud, discurso, y comportamiento, que es una expresión de gozo.
- Buscadores de paz, creyendo que cada persona puede y manifestará su mejor lado, y que todo problema finalmente será resuelto de manera beneficiosa.
- Paciencia y perseverancia, creer que cada persona puede y manifestará lo mejor de sí, y que cada problema será resuelto en la mejor forma.
- Amables, tratando a otros como gente de valor y haciendo buenas obras a su favor sin esperar algo de vuelta.
- Verdaderos, honestos y morales en sus relaciones con otros empleados.
- Fieles a hacer el mejor trabajo posible, siendo diligentes en ponerse en un día de trabajo completo por un día de paga completa, y manteniendo el espíritu de las regulaciones dentro de la compañía al máximo de su capacidad.
- Humildes, un rasgo que es deseable en todas las personas, pero cada vez más importante, creo, mientras más alto esté la persona en el cuadro de la organización.
- Controlados, para tomar responsabilidad por sus propias acciones y decisiones.

Algunas personas que están leyendo esta lista es posible que concluyan: «Eso es solo puro buen comportamiento», o «Esa es la forma en que todos deberían actuar hacia los otros en una sociedad civilizada». Una mujer dijo: «Esto es lo que quiere decir ser una linda persona». No puedo estar más de acuerdo. Si alguna vez necesitamos lugares de trabajo con gente linda como norma prevaleciente, es hoy. Enfrentamos suficientes presiones en nuestro mundo que va a paso veloz de intensificación de información, continuas fechas límite, y largas guardias de trabajo sin tener la presión añadida de la tensión emocional e interpersonal llenando nuestros espacios de trabajo.

A través de los años, he encontrado varios ambientes de trabajo en los cuales la gerencia y los miembros del personal no reflejaban estos rasgos del carácter. Existen incontable ambientes de trabajo en los que la gente está en una pelea de perros por poder y posición. Existen ambientes de trabajo en los que hay una gran cantidad de chisme, apuñalamiento por la espalda, manipulación y sospechas. Puedes sentir la tensión en el aire solo caminando a través de algunas oficinas y fábricas.

Espero que nadie que camine por nuestras oficinas de operaciones en Pilgrim's Pride alguna vez se aleje sintiendo de esa manera en cuanto a nosotros.

Tercero, puedo animar, aplaudir, reconocer abiertamente y apreciar a aquellos que manifiestan estos rasgos de carácter hacia mí, o quienes veo que manifiestan estos rasgos hacia otros. Puedo motivar a la gente a continuar mostrando estos rasgos de carácter reconociendo que valoro su comportamiento y que los considero buenos modelos.

Cuando se trata de eso, no creo que una corporación pueda ser mejor que el carácter compuesto de todos sus socios, incluyendo oficiales, ejecutivos, gerentes, y empleados. Ellos no pueden evitar los rasgos del carácter; no pueden evitar hacerse evidentes en las relaciones con los clientes. No pueden evitar manifestarse en momentos cuando los problemas surgen, tal como el día en que los suministros están retrasados, el equipo se rompe, y las cuotas no se cumplen. Los rasgos del carácter están en el mero corazón de la moral corporativa.

El valor de expresar metas altas y enfatizar el carácter

Creo que existe tremendo valor en expresar las metas y propósitos más altos de una corporación, y en darle énfasis a los rasgos del carácter. La gente quiere saber qué representa. Ellos quieren saber quién *es*, y aun si falla a veces, ellos quieren saber quién aspira ser.

La gente buena produce bien. Quienes somos no puede evitar salir en lo que hacemos.

Me emociona la profundidad de la gerencia en nuestra compañía y la organización que hemos ensamblado para competir en el futuro. (Ver páginas __ para los nombres de nuestra junta de directores y equipo de alta gerencia.) La consolidación le ha dado a Pilgrim's Pride una de los mejores —o quizás la mejor— organizaciones de «Equipo Gerencial» en nuestra industria. Ello como resultado del talento hallado en tres adquisiciones principales realizadas en los años recientes: Green Acre Foods, WLR Foods y la división de pollos de ConAgra. Combinar este nuevo talento con el liderazgo de Pilgrim's Pride nos ha ayudado a asegurar nuestra competitividad futura. Son todos personas buenas, tanto individual como profesionalmente.

Al mismo tiempo, la bondad no es algo que una persona pueda dictar. Es solo algo que un líder en la parte superior puede modelar para aquéllos con quienes trabaja. El carácter es algo que valoro en el trabajo cada día de mi vida. Las declaraciones de la misión, metas y declaraciones de integridad son cosas en las que personalmente creo y aspiro lograr. El principio guía de Pilgrim's Pride es mi principio guía personal. Ningún ejecutivo tiene el derecho o la autoridad de decirle a otra persona cómo vivir si él no está personalmente dispuesto a vivir de esa manera.

Soy el primero en admitir que nadie es perfecto. Pero también soy el primero en decir: «Tratemos de ser mejores en todo sentido, en todo momento».

PILGRIM'S PRIDE CORPORATION
JUNTA DIRECTIVA

De izquierda a derecha: LONNIE KEN PILGRIM, vicepresidente ejecutivo y asistente del presidente; RICHARD A. COGDILL, vicepresidente ejecutivo, ejecutivo de finanzas, secretario y tesorero; LONNIE «BO» PILGRIM, presidente; O. B. GOOLSBY, hijo, presidente y jefe ejecutivo; CLIFFORD E. BUTLER, vicepresidente.

De izquierda a derecha: JAMES G. VETTER, hijo, representante legal, Godwin, White and Gruber, PC, Professional Corporation, Dallas, Texas; DR. DONALD L. WASS, presidente de The William Oncken Company of Texas, Dallas, Texas; LINDA CHAVEZ, presidenta de Center for Equal Opportunity, Sterling, Virginia; VANCE C. MILLER, ejecutivo de Vance C. Miller Interests, presidente y jefe ejecutivo de Henry S. Miller Cos., Dallas, Texas

De izquierda a derecha: S. KEY COKER, vicepresidente ejecutivo de Compass Bank, Dallas, Texas; KEITH W. HUGHES, asesor y antiguo ejecutivo de Associates First Capital, Dallas, Texas; CHARLES L. BLACK, banquero jubilado de Mount Pleasant, Texas; BLAKE D. LOVETTE, ejecutivo avícola jubilado de North Wilkesboro, North Carolina.

PILGRIM'S PRIDE CORPORATION

Oficiales:

Lonnie «Bo» Pilgrim, presidente

Clifford E. Butler, vicepresidente

O.B. Goolsby, hijo, presidente y jefe ejecutivo oficial

Richard A. Cogdill, vicepresidente ejecutivo, jefe oficial de finanzas, secretario y tesorero

J. Clinton Rivers, jefe oficial operativo

Robert A. Wright, vicepresidente ejecutivo, Ventas y mercadeo

Vicepresidentes ejecutivos

Robert L. Hendrix, vicepresidente ejecutivo de Case Ready and Supply Operations

Lonnie Ken Pilgrim, vicepresidente ejecutivo y asistente al presidente

Operaciones internacionales

Alejandro M. Mann, presidente de Operaciones en México

Hector L. Mattei-Calvo, presidente de Operaciones en Puerto Rico

Vicepresidentes principales

Jane T. Brookshire, vicepresidente principal de Recursos Humanos

William D. Bussell, vicepresidente principal de Supply Plants Regional Operations

Mark S. Chranowski, vicepresidente principal de Fresh Food Service and International Operations

John H. Curran, vicepresidente principal

de Consumer Division

Joseph R. Gardner, Jr., vicepresidente principal de
Case Ready Business Management

David W. Hand, vicepresidente principal de
International and Fresh Sales

William V. Kantola, vicepresidente principal de Foodservice Sales

Michael D. Martin, vicepresidente principal de
Case Ready Regional Operations

Joseph R. Menefee, vicepresidente principal de
Prepared Foods Regional Operations

Joseph Moran, vicepresidente principal de
Fresh Food Service, Regional Operations

Ronald E. Morris, vicepresidente principal de
Turkey Sales and Operations

Robert N. Palm, vicepresidente principal de
Case Ready Regional Operations

Michael A. Pruitt, vicepresidente principal de
Live Production Technical Services

Walter F. Shafer, III, vicepresidente principal de
Prepared Foods Regional Operations

Timothy G. Thomas, vicepresidente principal Procurement

Gary L. Treat, vicepresidente principal de
Food Safety and Quality Assurance

Gary D. Tucker, vicepresidente principal de
Corporate Controller

James W. Tunnell, Jr., vicepresidente principal de
Information Technology and Chief Information Officer

Por sus frutos los conoceréis... todo buen árbol da buenos frutos
(Mateo 7:16, 17).

8

Avivar el fuego de la moral alta

El trabajo define en gran manera nuestras vidas; por lo tanto, para que un trabajador esté satisfecho, el trabajo necesita tener significado y propósito.

Una de las maneras en que trato de inculcar significado y propósito en nuestros trabajadores es llamarlos por un nombre que quiero decir genuinamente: socios. La gente que trabaja conmigo son socios de dos maneras muy reales.

Primero, ellos son nuestros socios en mejorar la calidad de nuestros productos y procesos. Yo acudo a nuestros empleados para que me digan cómo hacer mejor las cosas y cómo prestar un mejor servicio a nuestros clientes.

Segundo, ellos son mis socios en nuestros esfuerzos por alimentar al mundo. Las necesidades de una dieta saludable y de proteína de alta calidad no sólo son las necesidades de la gente en los Estados Unidos; esas son las necesidades de la gente alrededor del mundo. Todos nosotros estamos en una gran campaña, tanto una oportunidad como una responsabilidad, de ser parte de la solución que alimente al mundo.

La *asociación* significa que la gente está trabajando junta, y más específicamente que ellos están trabajando juntos como jugadores de un equipo. Es una tendencia humana el sobreestimar lo que podemos hacer por nosotros mismos y subestimar lo que podemos hacer como grupo. Estoy totalmente por la gerencia en grupo. Y yo creo que nosotros podemos realzar más cualquier proceso en equipo añadiendo oración y buscando la dirección de Dios.

He mencionado al doctor James Miner previamente como nuestro nutricionista principal, pero el doctor Miner fue también nuestro vicepresidente superior de producción viva durante muchos años. Él se unió a nosotros en 1966 y fue una figura clave en todas las fases de la gerencia en la compañía. Él jugó un papel clave en el diseño y la selección del equipo para la incubadora N° 2, que fue construida como una instalación moderna en 1988.

Una de las cosas más importantes que siempre aprecié acerca del doctor Miner era su disposición a ser parte de un equipo más grande. Si enfrentábamos un problema, el doctor Miner respondía: «Dígame lo que quiere que haga, y lo haré». Él nunca puso su departamento o sus deseos personales antes de lo que era bueno para la compañía completa. Si la compañía enfrentaba una crisis relacionada con el clima, crecimiento o la expansión de la incubadora, o problemas con producción, contaminación o daños, el doctor Miner estaba siempre dispuesto a tomar más de su cuota de responsabilidad para corregir el problema. Él hacía eso de una manera profesional e incansable. Él trabajó duro resolviendo problemas de nutrición, enfermedad y de planificación y programación en las expansiones de México y Arkansas, tal como había hecho en las operaciones en Texas.

La alta moral en una compañía fluye de una perspectiva de asociación, una perspectiva de gente animándose unos con otros como jugadores del mismo equipo. En el centro de la moral, sin embargo, hay un factor que yo llamo «pasión interior». Este motiva a la gente a competir, a elegir estar en un grupo, y a elegir dar lo mejor de sí por el equipo.

Pasión interior

No hay sustituto para una persona que tenga un empuje muy fuerte para hacer una contribución a este mundo, a través del negocio, los esfuerzos voluntarios o en la paternidad. El foco del empuje no es ni cercanamente tan importante como tener el empuje en primer lugar. Déme una persona que tenga fuego en su barriga, y yo puedo ayudar a esa persona a encontrar un propósito y un enfoque para su pujante ambición. La pasión interior puede enfocarse, utilizarse, dirigirse y hacerse productivo.

¿Pero cómo comenzamos un fuego en alguien que no tiene empuje, sin ambición, sin deseo profundo de lograr cualquier cosa o de dejar una marca en este mundo? Es una tarea casi imposible en mi opinión. He trabajado con mucha gente altamente motivada para ayudarles a descubrir sus talentos y a canalizar sus energías en proyectos y tareas que son muy importantes y gratificantes. Nunca he tenido ningún éxito al tratar de motivar a alguien que prefiere sentarse al lado del camino y mirar el mundo pasar.

Parte de tener pasión interior significa tener una esperanza duradera de que las cosas pueden y se pondrán mejor si trabajas lo suficientemente duro, crees en las cosas correctas y muestras el carácter correcto.

De muchas formas, «pasión interior» se acerca a tener un instinto de supervivencia. Si va a sobrevivir, debe tener algunas cosas:

Una gran dosis de espíritu se-puede. Eso parecía venir a mí de forma natural, quizás estaba en mi familia; quizás era solo el haber nacido y haber sido criado en Texas. Siempre pensé que podía tener éxito con la ayuda de Dios. Yo podría no haber estado seguro acerca de la naturaleza de ese éxito o de la senda a ese éxito en mis primeros años, y nunca estuve totalmente seguro de la magnitud final del éxito, pero estaba seguro que podía tener éxito.

Mi fe respalda ese espíritu se-puede. El apóstol Pablo escribió a los Filipenses: «Todo lo puedo en Cristo que me fortalece» (Filipenses 4.13).

Valor crudo. Sólo creer que puede hacer algo no significa que realmente sale y comienza a hacerlo. Aquellos que tienen sólo un espíritu se-puede son propensos a convertirse en grandes soñadores con muy poco que mostrar para sus vidas. Ellos tienen potencial, pero no hacen contribuciones al mundo. Se necesita coraje para decir: «Yo puedo hacer esto y *voy* a hacer esto… ahora mírame cómo trato».

Yo siempre he tenido una dosis del tamaño de Texas de espíritu se puede y de valor.

Déjame asegurarte esto, sin embargo. Tanto como aplaudo y aprecio a aquellos que tiene pasión interior, si tengo que escoger entre una persona con buen carácter y una persona con esta pasión, tomo el carácter. Una persona con pasión interior y sin carácter es un incendio a punto de estallar. Por otra parte, una persona con buen carácter que también tenga pasión interior puede incendiar al mundo de una manera positiva; ella o él va a levantarse hasta los niveles más altos de liderazgo.

Avivar el fuego

Existe una diferencia entre tratar de crear esta pasión en otra persona y avivar el fuego. Algunas veces una persona tendrá una pasión latente «no avivado». Es un papel del líder identificar ese fuego y avivarlo.

William Danforth cuenta esta historia en su libro, *I Dare You!*:

Henry Woods, uno de nuestros jóvenes prometedores, empujo la puerta de mi oficina temprano en la mañana y se paró encarándome de manera desafiante.

—Voy a renunciar —dijo.

—¿Cuál es el problema, Henry?

—Solo esto, yo no soy un vendedor. No tengo el valor. No tengo la habilidad, y no valgo el dinero que me están pagando.

Hubo algo espléndido en el valor de un hombre que admitiera la falla tan francamente a su jefe. Él no podría hacer eso sin valor... Para la sorpresa de Henry, en vez de aceptar su renuncia, lo miré directamente a los ojos y dije:

«Si yo sé escoger hombres, tú tienes la cosa de las ventas en ti. Te reto, Henry Woods, a salir de esta oficina, ahora mismo, y regresa esta noche con más órdenes de las que alguna vez has vendido en cualquier día de toda tu vida».

Él me miró pasmado. Luego un destello vino a sus ojos. Debe haber sido la luz de la batalla... Él se volvió y caminó fuera de mi oficina.

Esa noche él regresó. La mirada desafiante de temprano en la mañana fue remplazada por el resplandor de la victoria. Él había hecho el mejor record de su vida. Él había batido su mejor record, y lo ha estado batiendo desde entonces.[3]

Retar a la gente a ser lo mejor

Como puede haber concluido de la historia que acabo de citar, uno de mis libros favoritos es *¡I Dare You!* El autor, William H. Danforth, fue el fundador y por muchos años el presidente de la junta de la Ralston Purina Company. En este libro, que él publicó originalmente como una edición limitada para su familia, socios de negocios y amigos personales, él presentó lo que él llamó desarrollo cuádruple: piensa alto, párate alto, sonríe alto, y vive alto. Él le pedía a la gente a «cuadrar» sus vidas para que el mismo esfuerzo y energía fueran empleados en los aspectos físicos, mental, social y religiosos de la vida. Danforth invitaba a sus lectores a retarse a sí mismos a convertirse en más fuertes físicamente, y él incluía ilustraciones de postura para que ellos pudieran pararse más alto también. Él invitaba a auto-retarse en las áreas sociales y mentales. Me gustan sus cinco retos sociales. Ellos son muy realistas:

1. Te reto, sonrisa ganadora, a remplazar al viejo hombre refunfuñador.
2. Te reto, señor Tortuga dormilona, a irte a otro clima.
3. Te reto, dedos flácidos, a desarrollar un apretón cálido.
4. Te reto, mi propia personalidad, a convertirte en un invitado bienvenido en todo lugar.
5. Te reto, mi ser social, a generar la chispa magnética que lleva a una vida encantadora.

Más gente puede beneficiarse de hacer y perseguir estos retos. Rutinariamente reto a las personas alrededor de mí. También reto a las personas a quienes hablo. Te reto...

... a no subestimarte. Puedes hacer más de lo que piensas.

... a ser más grande de lo que eres. Puedes ser débil ahora, pero puedes convertirte en fuerte.

... a ser uno de los pocos invalorables que van en persecución total de su propio potencial.

... a ser aventurero, siempre mirando los problemas de la vida como la oportunidad para una aventura mientras buscas una solución.

... a seguir adelante y tratar, a creer que tú puedes hacer casi cualquier cosa, si se te da el tiempo y buenas instrucciones.

... a ser fuerte. Uno de los rasgos más exitosos de cualquier persona es la confianza personal y la entereza.

... a compartir. Pregúntate todos los días: «¿Cómo puedo ayudar a otro?»

... a construir el carácter. Recomiendo la Biblia como libro de principios para ser aprendidos y practicados.

...a esparcir las buenas noticias del amor y el perdón de Dios.

Cómo mantener los fuegos ardiendo

Recientemente leí un reporte que citaba que la mitad de todos los trabajadores en los Estados Unidos están felices con sus trabajos. Eso significa que la mitad ¡no lo está! Sólo 14 por ciento de la gente en esta encuesta dijo que ellos estaban «muy satisfechos» en sus trabajos. La encuesta se condujo nacionalmente por el Conference Borrad, una firma de investigación de mercado en New York City. Estos números son parte de un descenso bastante constante en la satisfacción laboral durante las últimas dos décadas.

Esta encuesta en particular encontró que la insatisfacción más grande se registró en trabajadores que ganaban de 25.000 a 35.000 dólares, y que estaban entre las edades de treinta y cinco y cuarenta y cuatro años. Las tres razones principales para su insatisfacción eran los rápidos cambios en la tecnología, el empuje del empleado por la productividad, y las expectativas cambiantes acerca de lo que debería ser un «buen trabajo».

Una conclusión de los investigadores me resultó especialmente interesante: «Ya no es solo por dinero. No se trata de salario base. Se trata de mucho más que eso. Se trata de aspectos generales del trabajo, tanto monetarios como asuntos "Más suaves" también».

Los ejecutivos hoy, y mañana, van probablemente a encontrarse a sí mismos empleando mucho más tiempo preocupados por lo que significa tener clientes satisfechos.

En Pilgrim's Pride hemos estado preocupados por esto durante décadas, no sólo porque es conveniente para mantener una corporación, sino porque es lo correcto.

A Pilgrim's le importa

Nuestros socios saben que soy cristiano. No lo mantengo en secreto en lo más mínimo. No insisto en que la gente que trabaja para mí confiese una fe personal en Jesucristo, pero ciertamente me complace cuando eligen hacerlo. Brindo un programa de capellanía dentro de la corporación para ayudar a las personas a enfrentar las situaciones difíciles de la vida. El capellán de ese programa está disponible para todo socio empleado que pudiera querer una cita. No hay una venta dura del evangelio, pero aún así, más de 4.000 de nuestros empleados han venido a la fe desde que comenzamos este programa en 1990. Más de 3.600 de nuestros empleados han regresado a la iglesia. La capellanía también está disponible para bodas, funerales, visitas al hospital, y momentos solo para hablar o escuchar, sin cargo para el empleado. Ellos están disponibles veinticuatro horas al día, cada día de la semana, y ayudarán a la gente si están en el trabajo o en la casa. Todas las conversaciones y visitas son confidenciales.

El grupo Marketplace tiene 1.700 consejeros por toda la nación. Cerca de 270 de ellos trabajan con Pilgrim's Cares. Ellos han tenido más de 430.000 visitas con nuestros empleados desde que comenzamos este programa en 1990. Hemos gastado 9 millones de dólares con el ministerio Marketplace Ministries desde 1990. En el presente les estamos pagando cerca de 2 millones de dólares al año; eso es cuán comprometidos estamos a ayudar.

Un compromiso con la educación

Nuestro compromiso profundo con la educación surgió de los turbulentos sesentas. Esos fueron años tremendos de crecimiento e impacto para nosotros, aún cuando la nación como un todo parecía estar atrapada en protestas y la caída de la corriente de instituciones e ideales:

- Estábamos produciendo 15 millones de pollos para asar al año, 100.000 gallinas criadoras, y 100.000 gallinas ponedoras para 1966.
- Nos habíamos movido de ser un negocio de 100 por ciento empaquetados en 1955 a 90 por ciento operación de comida lote para 1966.
- Habíamos construido una nueva incubadora de 130 por 134 pies que tenía la capacidad de producir 300.000 pollos en una semana. Se completó en 1966.
- El nombre Pilgrim Feed Mills se registró oficialmente con el estado de Texas en 1968.
- Para 1966, cerca del 75 por ciento de la producción de pollo de nuestra compañía estaba siendo mercadeada en Los Ángeles, California. Disfrutamos una ventaja de costo sobre los pollos producidos en la costa oeste.

Y *desarrollamos* una alianza creciente con varias escuelas y colegios. Nuestro crecimiento atrajo un programa piloto por parte de la Midwest Feed Manufacturers Association, que trajo educadores e investigadores a visitarnos. Una delegación también vino desde Texas A&M University en busca de un nuevo enfoque para fortalecer las relaciones industria-universidad.

La inscripción había estado cayendo en las escuelas agrícolas a pesar de una creciente necesidad de graduados en agro-negocios y de los numerosos empleos disponibles. Ciertamente era nuestro beneficio a largo plazo el ver que criadores mejor entrenados y otros en el negocio agrícola estuvieran siendo entrenados. Desde el lado de la universidad, los resultados de los proyectos de investigación de la universidad, que eran con frecuencia más innovadores y más científicamente rigurosos que los proyectos de la industria, permanecieron largamente desconocidos para muchos en el negocio agrícola debido a una falta de comunicación. Nosotros necesitábamos las destrezas y la nueva información provista por las escuelas y ellos necesitaban nuestro apoyo para reclutar estudiantes. Era una situación de ganar-ganar.

Comenzamos a dar becas de 10.000 dólares a los estudiantes del Poultry Science Department en Texas A&M University.

A lo largo de los años, sin embargo, reconocí que las becas universitarias a ese nivel, y en ese campo específico, no eran suficientes. La educación necesitaba ser más accesible a todo el que pudiera ser parte de nuestra fuerza de trabajo.

Desarrollamos un programa para hacer la educación inmediatamente disponible para cualquiera en nuestra compañía que deseara estudiar. No limitamos la educación de nuestros empleados a la adquisición de destrezas para el trabajo. También ofrecemos cursos que van desde cívica y gobierno hasta finanzas personales. Tenemos un plan de reembolso de tutoría que paga por libros de texto y clases privadas para los empleados que deseen seguir su educación universitaria.

Desde el 2000, hemos donado 3 millones de dólares a búsquedas educativas, incluyendo 250.000 dólares para pagar por clases privadas para cualquier estudiante en el Camp County rural para asistir a un colegio comunitario local.

Nunca deje de aprender

Mis primeros años me han enseñado a darle mucho valor a la escuela, aún cuando la escuela en aquellos días no era nada como lo que la mayoría de los jóvenes tienen hoy.

La escuela en Pine estaba sólo a casi un cuarto de milla hacia el sureste de nuestra casa. Yo salía de la puerta del fondo y a través del campo para llegar a la escuela, o yo podía salir del camino y por el camino hacia la escuela. Eso era una ruta un poco más larga, pero después de la escuela, las caminatas por ese camino eran un tiempo de compañerismo para casi 10 de nosotros los muchachos. La escuela no tenía ninguna agua corriente, pero tenía una bomba afuera. No había ventiladores.

Comencé la escuela en Pine con primer grado y fui hasta el noveno grado allí. Los estudiantes del décimo, undécimo, y duodécimo grados asistían a la secundaria en Pittsburg. Yo estaba entre ellos. Yo no fui a la universidad, pero he buscado educarme a mí mismo minuciosamente en varias disciplinas. Le doy gran valor al aprendizaje más alto.

He servido como miembro del Dallas Baptist University Board of Trustees y fui honrado por la DBU con el premio Russell H. Perry Free Enterprise Award. También he recibido grados honoríficos de tres universidades: un título de Doctor en Leyes de la East Texas Baptist University, un título de Doctor en Humanidades de la Dallas Baptist University, y un título de Honorary Doctor of Philosophy de la Stephen Austin State University.

Veamos... leyes... humanidades... filosofía... ¡y ni una mención de agricultura o pollos! En serio estoy agradecido por la oportunidad de estar asociado con estas excelentes instituciones.

Cuando hablo a jóvenes hoy o a nuestros empleados, con frecuencia enfatizo la importancia de continuar aprendiendo durante toda la vida. Especialmente animo a la gente a:

Este es un boceto de la casa donde crecí en Pine, Texas, cuya población oscilaba entre ochenta y cien personas. Yo disfrutaba jugando en el suelo, bajo la casa, haciendo vías de carreteras imaginarias y rodando por ellas un camión que hice con mi vieja patineta.

Me llamo Lonnie por mi padre, Alonzo Pilgrim, pero desde que nací, me llamaban «Bo». Él era cristiano, empresario y un gran padre, era mi héroe. Murió un par de semanas antes de que yo cumpliera diez años.

Este «vagón» fue mi primer invento. Lo usaba para cargar botellas de Coca Cola que vendía a los trabajadores que despachaban a la tienda de mi padre.

Siempre he tenido un buen sentido del humor, mucha energía y un alto nivel de confianza, rasgos que veo en esta foto escolar de mi niñez (yo soy el que está al extremo derecho de la segunda fila).

Cumplí servicio militar en la Guerra de Corea. Siempre me enseñaron que es posible reconocer a un soldado por su saludo. ¡En la vida como en todo, creo firmemente que se puede reconocer a un buen hombre observando como saluda!

Estoy de pie frente al porche de la primera tienda de alimentos en la que mi hermano Aubrey y yo trabajamos juntos, comenzando en 1946. Un gran abismo, pero está sólo a unos kilómetros de distancia del nuevo edificio administrativo de Pilgrim's Pride Corporation, que tiene ventas por casi seis billones de dólares al año en la industria avícola.

Todavía disfruto paseando en el desfile «Chickfest», en mi pueblo natal de Pittsburg, Texas, con Henrietta y mi sombrero Pilgrim. Este es un vehículo similar al que conducía para Aubrey en nuestra primera tienda de alimentos.

En 1960 me convertí en maestro cocinero de pollo picante en incontables ferias y exposiciones. Nunca he sido tímido con respecto a promocionar mis propios productos, ¡son los mejores!

En Pilgrim's Pride, incubamos seis millones de pollos AL DÍA. Ese es un hecho del que me gusta «cacarear».

Que el avión privado salga de la pista de aterrizaje cerca de nuestras oficinas mundiales nos permite estar en contacto personal con nuestras muchas plantas y centros de distribución a lo largo de los Estados Unidos, México y Puerto Rico. En cada uno de nuestros tres aviones corporativos he colocado una Biblia con la inscripción: «Jesús, gracias por el avión».

Mi esposa Patty y yo tuvimos el privilegio de donar una «Torre de Oración» al pueblo de Pittsburg, Texas. Los visitantes han venido de todo el mundo. La torre hace sonar himnos todas las noches.

Hice el primer lanzamiento en un juego de los Rangers de Texas… pero creo que ese día los 60.000 aficionados presentes disfrutaron más mi cacareo y el «pavoneo de mi asunto» con el pollo de San Diego.

Patty y yo fuimos honrados compartiendo el estrado con el presidente George Bush y su familia durante su campaña para gobernador de Texas. Tuvimos a la familia Bush en nuestro hogar —fueron unos huéspedes excelentes y pasamos un buen tiempo juntos.

He estado casado por más de cuarenta y nueve años con Patty (Redding) Pilgrim, la mujer más dulce y bella que he conocido.

Este es nuestro hogar en Pittsburg, Texas.

Pilgrim's Pride Corporation se mudó a sus nuevas instalaciones centrales en Pittsburg, Texas en Abril 2005.

- *Leer más.* Lea algo que no sea ficción. Lea acerca de las vidas de gente grande. Lea la Biblia en una versión que nunca antes haya leído. Lea acerca de algo que atrape su interés hasta el punto que quiera «estudiar» sobre eso.
- *Desarrolle un hábito de cuaderno.* Tenga un bolígrafo y papel al alcance en todo momento. Anote las ideas originales a medida que se le ocurran. Tome notas en reuniones y en conferencias especiales y en los servicios de la iglesia. Lo que escribe es mucho más probable que lo recuerde y que lo lleve a cabo. Mantenga un bloc de notas y un bolígrafo cerca de su cama en la noche. Mucha gente se despierta en la noche con una buena idea, pero la idea se ha evaporado en la mañana. Tome unos pocos segundos para anotar la idea del medio de la noche. ¡Podría ser una ganadora!
- *Aprenda a escuchar.* Todos los que tengan buen oído pueden escuchar. Hace falta esfuerzo para escuchar intencionalmente como si usted fuera responsable de repetir exactamente lo que ha escuchado. Usted no puede ni siquiera aprender algo de otra persona hasta que primero escuche a esa persona.

Un programa para reflejar orgullo comunitario

Además de darles a los socios oportunidades en educación y ayudar a los empleados a través de consejería, damos a nuestros empleados una oportunidad de involucrarse en obras de caridad y en trabajo voluntario. Llamamos al programa «Community Pride». Hemos descubierto que aquellos

Hemos descubierto que aquellos que dan de su tiempo, talento y energía a la comunidad, y lo hace como grupo, traen una actitud de equipo mucho más fuerte al lugar de trabajo. Lo bueno que se haga en la compañía es un reflejo de lo bueno que se hace en la comunidad y viceversa.

que dan de su tiempo, talento y energía a la comunidad, y lo hace como grupo, traen una actitud de equipo mucho más fuerte al lugar de trabajo. Lo bueno que se haga en la compañía es un reflejo de lo bueno que se hace en la comunidad y viceversa.

Oportunidades para celebrar juntos

Nos gusta celebrar nuestros hitos en Pilgrim's Pride. Tuvimos una celebración importante cuando cumplimos cincuenta años como compañía. Era el año 1996. La mezcla de ventas y la utilización de capacidad estaban altas en todo momento y generando resultados récord. La producción y las eficiencias operativas estaban también altas en todo momento. ¡Era tiempo de celebrar! Fuimos a Six Flags Over Texas en Arlington el 9 de septiembre. Alquilamos más de 150 buses para transportar a nuestros socios y criadores al parque Six Flags para esta ocasión especial. La compañía pagó por más de 1.200 socios-empleados y sus familias para disfrutar el día. Y en algo a la manera de gran final, repartimos premios en efectivo de 1.000, 2.500, 5.000 y 10.000 dólares, todo libre de impuesto.

La gente que celebran juntos permanecen juntos.

Así que, todas las cosas que queráis que los hombres hagan con vosotros, así también haced vosotros con ellos....
(Mateo 7.12)

- *Mejoramientos.* ¿Cómo puede mejorarse este proceso?
- *Valor.* ¿Cómo añade valor este proceso?

Cuando nuestros empleados nos señalan problemas, también los invitamos a proponer tantas soluciones como puedan imaginar y que luego nos digan cuál de ellas creen que sea la mejor solución y por qué. Como parte de nuestro compromiso con los empleados, le pedimos a la gerencia que provea un plan de acción relacionado con el problema y la sugerencia.

Las creencias se añaden al mejoramiento continuo

Las metas del programa Continuous Improvement están muy orientadas a la tarea. En la raíz de estas metas debe estar el fundamento de las creencias básicas, específicamente creencias que la compañía sostiene de arriba hacia abajo. Las creencias infunden esperanzas. Ellas dan una perspectiva para la toma de decisiones gerencial. Ellas brindan un marco de referencia para respetar la contribución de cada socio empleado al equipo, y la habilidad de cada socio empleado para perseguir el Mejoramiento Continuo.

Hemos identificado y adoptado diez declaraciones de creencias básicas llamadas Basic Beliefs (Creencias Básicas). Se añaden a los conceptos de Continuous Improvement (Mejoramiento Continuo), y ellos han estado en efecto en Pilgrim's Pride por varios años. Estoy feliz de compartirlos con usted porque ¡también dan resultado!

1. *Las necesidades del cliente son cruciales.* El cliente necesita ser el foco de todas las actividades de la compañía. La satisfacción del cliente es crucial para el éxito.

2. *Cualquier cosa puede mejorarse.* Todos los procesos, productos y servicios pueden hacerse mejor.

3. *La calidad es trabajo de todos.* Productos y servicios de calidad son los resultados de procesos y trabajos de calidad. Dejar a cualquier persona

fuera del proceso o aceptar cualquier cosa menos que la excelencia es perder una oportunidad de mejorar.

4. *La persona que hace el trabajo es quien mejor lo conoce.* Nadie conoce un trabajo como la persona que lo hace todos los días. Si eso no es verdad, la persona necesita más entrenamiento.

5. *La gente merece respeto.* Toda persona en la organización debe sentirse valorada e importante.

6. *El trabajo en equipo da resultados.* La sinergia es el concepto que dice que uno más uno es más que dos. Eso es lo que sucede en un buen trabajo en equipo.

7. *Existe valor en las diferencias.* La tierra sería un lugar horrible y aburrido si todo el mundo fuera igual. Todos tenemos trasfondos, destrezas y experiencias únicas. Las diferencias son saludables y promueve la creatividad y un productivo intercambio de ideas. Sin diferencias, no tendríamos nuevas ideas.

8. *Involucrarse construye compromiso.* La gente está más motivada a actuar cuando han tenido voz al decidir qué acción tomar. La gente quiere participación en las decisiones que afectan sus vidas y sus resultados.

9. *El apoyo construye éxito.* Cuando los trabajadores se ayudan y se animan unos con otros, todos tienen una oportunidad más grande de tener éxito.

10. *Usted hace la diferencia.* Una organización es sólo tan buena como la gente individual que la integra. Toda persona afecta la calidad, los costos, la productividad y la satisfacción del cliente. Todos hacen una diferencia.

Tomado como un todo, nuestras declaraciones en Continuous Improvement y Basic Beliefs enfatizan el trabajo en equipo, un enfoque sobre las necesidades de los clientes, y una capacitación de los empleados a buscar soluciones a largo plazo que pudieran elevar la productividad, prevenir el desperdicio, y animar a una calidad más alta, especialmente en áreas que no dependen de la inspección, sino que dependen de la utilización de los mejores procesos y procedimientos. Nuestros objetivos

9

El reto del mejoramiento continuo

Mickey Bradshaw, que ahora está jubilado, estuvo encargado de nuestra división de alimento al por mayor por varios años. Le gustaba decirle a la gente que él supervisaba lo que yo le había dicho a él una mañana. Yo había ido a su oficina y preguntado cómo iban las cosas. Mickey dijo: «¡Tengo muchos problemas!» Yo le respondí: «¡Bien! Si no hubieran problemas yo no te necesitaría», y me fui de su oficina.

Mickey utilizaba esa misma línea con la gente de su equipo. Él llegó a esperar que ellos fueran solucionadores de problemas, tal como yo había esperado que él fuera un solucionador de problemas.

En muchas corporaciones, la gente busca la escalera corporativa para soluciones a los problemas. Creo que es mucho más saludable si esos en la cima miran hacia abajo en la escalera corporativa para soluciones. La gente que vive y trabaja con los problemas son muy probablemente quienes saben más acerca del problema y tienen una idea de cómo pueden ser solucionados de la mejor manera. ¡Es necesario escuchar sus ideas!

La solución de problemas está en el corazón de nuestra filosofía de gerencia, que se resume en dos palabras: *Mejoramiento Continuo*.

Estas dos palabras personifican lo que creo que debería ser un impulso motivador para cada persona. Si no se está moviendo hacia delante, se está quedando atrás. Si no está creciendo, está declinando. Si no está viviendo más abundantemente, está muriendo lentamente.

Deberíamos estar en mejoramiento continuo en toda área de la vida.

Creo que es mucho más saludable si esos en la cima miran hacia abajo en la escalera corporativa para soluciones. La gente que vive y trabaja con los problemas son muy probablemente quienes saben más acerca del problema y tienen una idea de cómo pueden ser solucionados de la mejor manera. ¡Es necesario escuchar sus ideas!

Corporativamente hemos identificado catorce puntos en nuestro programa Continuos Improvement. Estoy feliz de compartirlos con usted. Estos puntos están adaptados de Out of Crisis, el trabajo del doctor Edwards Deming. Él es considerado el padre del movimiento de calidad. Hemos puesto en práctica estos puntos desde 1991, y ellos dan resultados.

1. *Tenga constancia de propósito.* Buscamos mejorar nuestros productos y servicios para que pudiéramos ser competitivos, quedarnos en el negocio, y proveer empleos. El proceso de negocio comienza con el cliente, y todo lo demás se diseña desde allí. No nos desviamos de nuestro propósito.

2. *Adopte un nuevo estilo de gerencia.* Continuos Improvement *es* nuestro estilo de gerencia.

3. *Deje de depender de la inspección.* Aprendimos a reducir las necesidades de inspección y procurar la calidad en los productos o servicios en primer lugar.

4. *Evite hacer negocios sobre la etiqueta de precio solamente.* Buscamos minimizar nuestro costo total. Algunas veces el mejor camino a un costo total bajo significa no utilizar productos baratos o hacer las cosas de la manera más barata.

5. *Busque el mejoramiento continuo de los procesos.* La mejor manera de mejorar calidad y productividad, y así disminuir constantemente el costo total, es mejorar continuamente los procesos que producen los productos y servicios.

6. *Entrene y re-entrene.* Toda persona debe ser entrenada para ser un experto en su trabajo. El entrenamiento es la piedra angular de consistencia más grande.

7. ***Promueva el liderazgo.*** Hace falta líderes. Los líderes tienen una responsabilidad de mejorar el sistema, no solo de manejar un sistema viejo. Los líderes se comprometen en el entrenamiento, la enseñanza, y la motivación. Los líderes no solo encuentran y registran fallas, sino que buscan remover las causas de las fallas.

8. ***Eche afuera el temor.*** Los temores preconcebidos y las emociones negativas de experiencias y empleos previos pueden obstaculizar el progreso. Sucede lo mismo con el temor a fracasar, el cual tiende a llevar a la mediocridad. Los líderes necesitan reconocer que la eliminación del temor exige tiempo y atención, pero es tremendo beneficio.

9. ***Los departamentos deben trabajar juntos.*** Una compañía no solo se beneficia de la integración vertical, sino que se beneficia grandemente cuando los departamentos funcionan integrados y trabajan de una manera translímite. Todos deben involucrarse en la innovación y el trabajo para crear una atmósfera de respeto y confianza mutua.

10. ***El mejoramiento continuo brinda su propia motivación.*** La motivación llega cuando una persona está en un ambiente altamente cargado y emocionante en el cual cada persona es animada a tener éxito, a alcanzar su potencial, y a probar nuevas ideas.

11. ***Los estándares de trabajo y las cuotas no deberán limitar la actuación.*** Los estándares de trabajo tienden a tapar la cantidad de mejoramiento que puede lograrse. Ellos tienen un efecto limitante. En verdad, no hay límite para lo que puede lograrse en una organización que mejora continuamente. Una nueva idea, una nueva tecnología, o un nuevo proceso puede siempre llevar a una organización a un nivel más alto.

12. ***Derrumbe las barreras que roban a los socios su derecho de enorgullecerse de su ejecución.*** Enfatiza la calidad, no los números absolutos. Examina *cada* sistema y procedimiento para ver si este apoya o inhibe el mejoramiento continuo. Respeta a la gente como el recurso más valioso de la organización. Enfócate en los resultados que llevan al desempeño óptimo y exceden las necesidades del cliente.

13. **Promueva la educación y el auto-mejoramiento.** Ayuda a los socios a ser más educados y mejor entrenados. Mejora sus vidas así como sus habilidades laborales. La gente tiene el potencial de renovarse, y la educación es una inversión en la renovación personal.

14 **¡Hágalo!** No espere hasta que se sienta motivado a involucrarse en el Mejoramiento Continuo... ¡hágalo! No espere a que le provoque poner en efecto estos principios o hasta que su jefe insista en que lo haga... ¡hágalo! No espere a que sus compañeros de trabajo muestren el camino... ¡hágalo! La responsabilidad para el Mejoramiento Continuo no puede ser delegada. Comienza y termina con una persona que toma esa responsabilidad para sí misma.

El Mejoramiento Continuo se enfoca en cómo hacemos nuestros trabajos. Es una perspectiva que apunta en primer lugar y principalmente a la calidad y a añadir valor a todo lo que hacemos, en otras palabras, a mejorar todo aspecto de nuestros productos y procesos para lograr la excelencia real. El Mejoramiento Continuo se enfoca en la meta de satisfacer las necesidades de nuestros clientes y crear productos para ellos que sean lo que ellos quieren, al precio que lo hace valioso para ellos, entregados a tiempo en su lugar de negocio. El Mejoramiento Continuo es un medio de identificar, cuantificar y eliminar el desperdicio. Se trata de hacer un mejor trabajo y luego un mejor trabajo y luego un trabajo aun mejor.

Hacer las cosas de manera de alta calidad es finalmente costo-efectiva porque significa que tienes muchos menos «volver a hacer» y produces muchas menos sobras.

Hablando de manera práctica, rutinariamente mantenemos los documentos Process Analisis Worksheets en los cuales evaluamos a varios proveedores y clientes. He aquí las preguntas que hacemos:

- *Proveedores.* ¿Quiénes son nuestros proveedores? ¿Cumplen con los requerimientos?
- *Clientes.* ¿Quiénes son sus clientes? ¿Cuáles son sus requerimientos? ¿Está cumpliendo con sus requerimientos?

relacionados con Continuous Improvement se relacionan específicamente con los beneficios, la satisfacción laboral, y la satisfacción del cliente, todo lo que puede ser verificado estadísticamente. En otras palabras, todos nosotros tenemos una idea clara acerca del grado en el cual estamos mejorando continuamente.

Todo trabajo es un proceso. La gente que mantiene trabajos son capaces siempre de mejorar, crecer, adaptarse a las nuevas tecnologías, y lograr niveles más altos de excelencia. Queremos que nuestros empleados, a quienes llamamos socios, estén totalmente involucrados en cada uno de estos procesos. Esto no solo es bueno para la compañía y finalmente para la línea de fondo, sino que es más compensador y satisfactorio para el socio-empleado individual.

No conozco a nadie a quien le disguste aprender, algunas veces el cambio es difícil, pero si pones el cambio en el contexto del crecimiento, se vuelve agradable y finalmente recompensable. Creo fuertemente que a la gente le gusta sentirse realizada por sus trabajos, saber que ellos han tenido un buen día de trabajo por un buen salario. Ciertamente yo no haría lo que hago sin ese sentido de logro y satisfacción.

> *Creo fuertemente que a la gente le gusta sentirse realizada por sus trabajos, saber que ellos han tenido un buen día de trabajo por un buen salario. Ciertamente yo no haría lo que hago sin ese sentido de logro y satisfacción.*

Una reflexión de alto valor

Valor es una palabra significativa para nosotros en Pilgrim's Pride. También lo es la frase *relación de trabajo a largo plazo*. Estas palabras son especialmente importantes cuando se relacionan con nuestros clientes y proveedores.

Creo firmemente que la gente quiere ser valorada y necesitada, y tener una oportunidad de dar a otros. Nuestro Creador construyó algo dentro de nosotros que pocas personas en el negocio parecen entender: la gente necesita ser necesitada. Ellos quieren que sus contribuciones cuenten, pero ellos también quieren que su *presencia* cuente.

Valorar a la gente parece ser algo que los estadounidenses rurales y de pueblos pequeños entienden un poco mejor que la gente de la ciudad, al menos desde mi perspectiva. Tenemos un dicho aquí en Pittsburg que dice que puede reconocer a una persona desde atrás, lo que significa que aunque sólo vea su parte de atrás, sabe quien es por su nombre. Probablemente conoces a algunos de los miembros de su familia y un poco acerca de su vida personal. Probablemente sepa dónde vive.

Toda persona puede no ser su mejor amigo, pero hay un sentido fuerte en nuestro pueblo de que todos *cuentan*. Toda persona necesita tener un techo sobre su cabeza, comida en la mesa, una buena escuela para sus niños, un empleo que provea ingreso adecuado, y un saludo amistoso cuando se encuentra con la persona en la calle o sobre el mostrador de un café local. Nadie es «solo un número».

Ahora, no importa realmente lo que la persona hace en su trabajo, mientras sea legal y moral. Lo que importa es que la persona tenga un empleo porque el trabajo hace que la persona se sienta como un miembro que contribuye con la comunidad, no solo como pagador de impuestos, aunque eso es importante, sino como alguien que está ayudando a crear una calidad de vida mejorada para una familia y comunidad.

Lo que es cierto para nosotros en la comunidad de Pittsburg es lo que espero se establezca en cada instalación que lleve el nombre Pilgrim's Pride, sea esta una operación de casa de pollos, una planta procesadora, una incubadora, un molino de alimentos, o una tienda de granja. La gente necesita ser valorada porque *quienes* son es tan importante para el ambiente general del lugar de trabajo como *lo que* ellos producen.

Quiero que nuestros socios hagan exactamente lo que animo a que hagan mis gerentes y altos ejecutivos, que expresen libremente sus ideas y sugerencias para que juntos podamos encontrar mejores maneras de hacer trabajos que beneficien a la compañía. Muchas decisiones hechas por la compañía en el último par de décadas han surgido del trabajo de los equipos de los socios por hora.

Si cualquier proceso en nuestra compañía añade valor, deberíamos mejorarlo. Si no añade valor, deberíamos eliminarlo.

Dos cosas que observamos continuamente

Existen dos cosas que buscamos monitorear constantemente en toda la compañía: el entrenamiento y la eliminación del temor.

Entrenamiento

Cuando se trata de producir calidad en cualquier proceso o procedimiento, el punto de partida es siempre la educación y el entrenamiento. No puede esperar que una persona haga un trabajo de calidad si la persona no ha sido entrenada para hacer un trabajo de calidad, para conocer los estándares de buena calidad, para conocer cómo hacer las tareas relacionadas con el trabajo, y para venir a ser lo suficientemente diestro en el trabajo para hacerlo bien todas las veces, incontables veces. Una persona puede crecer y continuar mejorando sólo si se le da el suficiente conocimiento y entendimiento de cada nueva innovación o pieza de equipo que aparece.

Eliminación del temor

He conocido gente que corre más rápido o pelea más fuerte cuando tiene miedo, pero nunca he conocido gente que genuinamente trabaje mejor cuando tiene miedo, al menos no por mucho tiempo. El miedo añade temor y distracción a cualquier proceso.

No temer a la gerencia. No quiero que nadie en mi compañía tenga miedo de la gerencia. Es más, tenemos una línea telefónica gratis en la que resolvemos cualquier asunto en forma anónima.

> *He conocido gente que corre más rápido o pelea más fuerte cuando tiene miedo, pero nunca he conocido gente que genuina-mente trabaje mejor cuando tiene miedo, al menos no por mucho tiempo. El miedo añade temor y distracción a cualquier proceso.*

No tengo la intención de ser accesible o visible en la compañía o en mi comunidad porque estoy tratando de administrar por medio de mis gerentes. Pero el hecho es, que soy muy accesible y visible en las instalaciones de Pilgrim's Pride y en mi pueblo porque soy ese tipo de hombre.

Disfruto encontrarme con amigos para el café del sábado en la mañana en el restaurante local; nos hemos encontrado de esa forma durante años. Eso es parte de la amistad, encontrarse, hablar, compartir nuestras vidas, intercambiar trozos de información y unos pocos buenos chistes. Yo enseño en una clase de escuela dominical en mi iglesia. Una vez más, he estado haciéndolo durante años. Algunas veces le digo a la gente: «Si quieres llegar a conocerme mejor, asiste a mi clase de escuela dominical. Descubrirás lo que creo y en quien creo, y esas son las cosas más importantes que puedes saber acerca de Bo Pilgrim».

Casi la última cosa en el mundo que quisiera ver suceder sería ver a los socios empleados acobardarse o apartarse de mí con temor. Esa reacción no sería culpa de ellos; sería mi culpa. Depende del líder y de los ejecutivos y gerentes establecer un tono en que cada persona pueda ser enfocada, especialmente si está en juego un problema o una sugerencia para mejorar.

No temer al cambio. Los socios necesitan tener la seguridad de que si las cosas cambian, ellos aún tienen un papel de valor que jugar. Desde mi experiencia, la gente se resiste al cambio sólo si ellos lo ven como una amenaza a su supervivencia. Nadie quiere que lo transfieran de empleo o lo eliminen, pero si eso sucediera de tiempo en tiempo, un empleado puede hacerse sentir confiado de que él o ella será entrenado para el nuevo trabajo dentro de la compañía o que se le ayudará a encontrar otra oportunidad fuera de la empresa.

Una vez más, pienso que esto es probablemente una reflexión de pasar mi vida en la misma pequeña comunidad. Las tecnologías vienen y van. Los empleos vienen y van. La gente de Pittsburg y de otras comunidades rurales similares tiende a quedarse. Ellos se acostumbran a las nuevas tecnologías y toman nuevos trabajos. La fuerza laboral no cambia. En vez de eso, las tareas hechas por la fuerza laboral cambian.

No temer al fracaso. Nadie entiende todo todas las veces. Pero podemos entrenar a la gente que trabaja con nosotros a cometer los menos errores como sea posible. ¿Cómo? Entrenándolos totalmente en cómo realizar un trabajo, informándoles totalmente acerca de lo que se espera de ellos, y ayudándolos totalmente a conquistar nuevas destrezas y a aprender nueva información. Si una persona está fallando en un trabajo, probablemente no sea culpa de la persona tanto como del responsable de hacer el entrenamiento.

Ciertamente existe gente holgazana. También existe gente que la Biblia llama gente de «un talento»; ellos podrían estar más limitados en lo que son capaces de aprender y de hacer. Pero la verdad más grande es que la gente holgazana puede ser motivada a trabajar, y la gente de «un talento» puede ser puesta en una posición donde su único talento sea extremadamente útil.

Si se reta a la gente a que aprenda algo nuevo, debe restárseles a creer que ellos pueden aprender la nueva destreza y a tener éxito en ella.

No temer perder el trabajo. Si un socio pierde el trabajo, es mucho más probable que sea culpa de la compañía que culpa del empleado, al menos en muchas corporaciones en que he sido testigo a través de los años. Puede ser que al empleado no se le dieron instrucciones suficientemente claras, buenos sistemas de seguridad, motivación suficientemente fuerte, entrenamiento adecuado, o suficiente supervisión de «persona a persona».

Puede ser que la compañía no fue sabia al emplear a la persona en primer lugar, o quizás no fue sabia en emplear a la persona para llenar esa posición en particular que le fue asignada.

Despedir a una persona es un asunto muy serio para mí. Sé que no estoy afectando solo a esa persona, sino también a su familia, su reputación en la comunidad, su habilidad para contribuir a su iglesia y al pueblo donde vive, y su futura capacidad ser empleado. Perder un empleo es extremadamente desmoralizante y puede colocar a algunas personas en una caída de la cual es difícil de sacar. Estoy en pro de darle al socio una segunda oportunidad, si es posible, y algunas veces una tercera. De regreso, espero un esfuerzo diligente para poner en un buen día de trabajo, honestidad e integridad, y sinceridad de parte del socio. Creemos en la disciplina correctiva cuando se trata del desempeño.

Tengo la intención de tratar a la gente que trabaja conmigo con los aspectos básicos del buen carácter, y espero ser tratado de esa manera.

La mayoría de la gente quiere un empleo en el que su empleador se preocupe por el carácter y la integridad de los empleados, que envíe una señal que el mismo empleador es una persona de carácter e integridad, y que el ambiente de trabajo general va a ser placentero a largo plazo.

Motivar los estándares y las cuotas

Una persona que esté bien entrenada, y no tenga miedo al cambio, al fracaso y a la pérdida del empleo probablemente esté mucho más motivada por los altos estándares de trabajo y las cuotas en vez de ser intimidados por ellos. A lo largo de los años, rara vez he conocido a una persona que no quiera hacer su mejor esfuerzo y hacerlo bien a los ojos de los demás. Todos queremos sentir que podemos intentar tener éxito si utilizamos nuestras destrezas y conocimiento en lo mejor de nuestra habilidad. Toda persona quiere ser un experto en lo que hace, tener la satisfacción de saber que es bueno en su trabajo y es valorado.

Cuando una persona es apreciada y se le da la oportunidad de tener éxito, esa persona raramente retrocede ante un estándar de excelencia más alto. ¡Al contrario! Él quiere lograrlo porque cree que puede, sabe que será recompensado por su logro, y sabe que tendrá aumentada satisfacción en que es una persona de valor. Quiere creer que no hay límites a lo que él puede hacer y llegar a ser.

Sé que eso es verdad en mi vida. Tengo la corazonada de que es cierto en un 99.9 por ciento de aquellos que trabajan en Pilgrim's Pride, y hasta para las indecibles millones de personas que no tienen ese privilegio.

Una forma de vida empresarial

Supongo que el programa Continuous Improvement puede considerarse solo otro programa de gerencia en algunas compañías, uno que apunta a mejorar la calidad. Lo consideramos una filosofía general que es más como una forma de vida.

El buen entrenamiento y la educación hacen a una persona competente y productiva.

El buen valor (la ausencia del temor al fracaso) hace a una persona dispuesta a asumir el riesgo de probar algo nuevo, adaptarse a algo diferente y tener éxito en algo que no ha logrado antes.

Eso es cierto no solo en el ambiente corporativo, sino en todo vecindario, iglesia y escuela.

Muéstrame un grupo de gente que están haciendo lo mejor para estar informados y diestros, y que tengan gran valor cuando se trata de innovación, nuevos estándares de excelencia y nueva tecnología, y te mostraré un grupo de gente que va a algún lugar. Si son personas de buen carácter con buenos propósitos, ellos van a un gran lugar.

Me gusta la gente inteligente, diestra y audaz. Esa es la gente que realmente hace estremecer al mundo.

*No nos cansemos, pues, de hacer bien;
porque a su tiempo segaremos, si no desmayamos.*
(GÁLATAS 6.9)

10

La noble misión de salvar
a la América rural

Aunque confiamos en la producción agrícola, como siempre en los Estados Unidos, la oficina del censo nacional reportó en 1992 que había menos granjas en este país que en cualquier época desde la Guerra Civil. En 1850, cuando el número de granjas fue censado, teníamos 1.4 millones de ellas en los Estados Unidos. Ese punto fue superado en 1935 con 6.8 millones de granjas. Y en 1992, el número había caído a 1.9 millones. Esa es la primera vez que el número ha estado debajo de los dos millones de granjas desde el primer conteo en 1850. El descenso desde el conteo de 1989, tres años antes, fue de 200.000 granjas.

El tamaño promedio de una granja hoy es más grande que en 1850, y ciertamente la tecnología ha ayudado grandemente a los granjeros a producir mucho más comida por acre que hace 150 años. Aun así, la tendencia general es que menos y menos gente está poniéndole el hombro a la carga de producir los productos agrícolas que necesitamos en los Estados Unidos y como parte de nuestro programa de relaciones extranjeras en exportaciones.

Aun así, el número de granjas en el negocio agrícola está aumentando realmente.

Especialmente en Texas del este donde están ubicadas nuestras oficinas, hemos visto un crecimiento en el número de granjas avícolas. Me da una tremenda satisfacción el saber que estamos ayudando a familias a quedarse en pueblos más pequeños y en áreas rurales. Estoy profundamente comprometido a salvar el estilo de vida rural en los Estados Unidos, así como en Puerto Rico y México.

Pilgrim's Pride tiene instalaciones principales en Texas, Alabama, Arkansas, Georgia, Kentucky, Louisiana, North Carolina, Pennsylvania, Tennessee, Virginia, West Virginia, Puerto Rico, México, y también en Arizona, California, Iowa, Mississippi, Utah y Wisconsin.

He incluido un mapa que muestra nuestros locales. ¿Por qué compartir esto con usted? ¡Porque me supongo que la mayoría de los lectores nunca han escuchado de estos locales! La vasta mayoría de nuestras plantas están en pueblos pequeños. Cuando uno tiene 1.500 socios en un lugar como DeQueen, Arkansas, eres un jugador principal en el pueblo, y para mí personalmente, siento una tremenda responsabilidad con estos

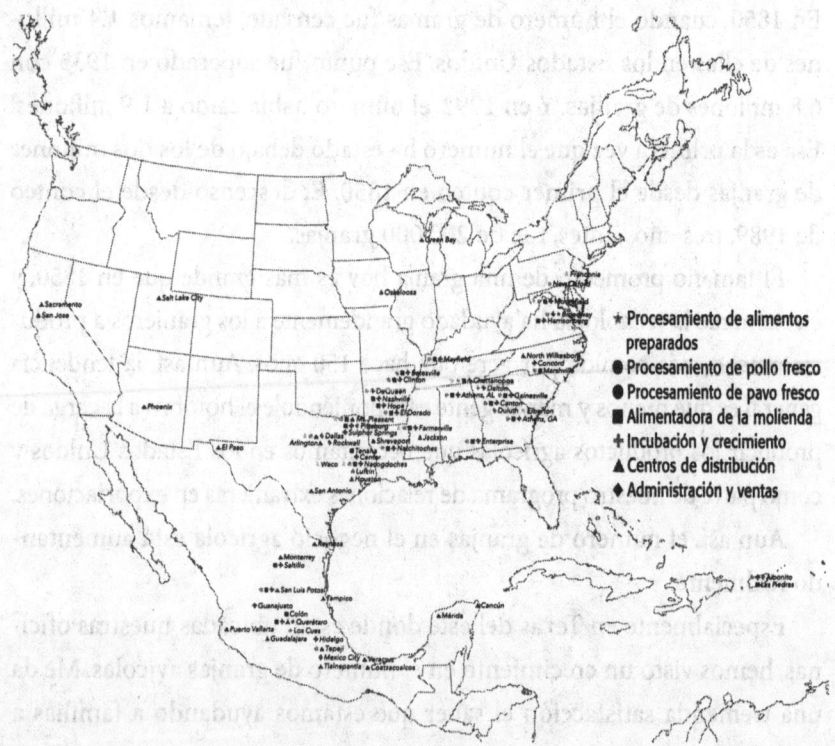

empleados porque yo sé que el éxito de Pilgrim's Pride los capacita a permanecer en un pueblo pequeño y aun así tener éxito económicamente.

Algunas instalaciones son de sindicato, otras no son sindicalizadas, y algunas son una mezcla. Por ejemplo, la instalación de Aibonito, Puerto Rico, tiene una instalación de procesamiento no sindicalizada y un molino de comida sindicalizado. Los trabajadores son los que deciden acerca de los asuntos del sindicato. En algunas áreas, los sindicatos son percibidos como un agregado para los trabajadores mientras en otras áreas, los trabajadores han decidido trabajar sin sindicalización.

Tener la meta de salvar la América rural genera dos preguntas:

1. *¿Cómo intentamos hacer eso?* Nuestra declaración corporativa de propósito lo dice claro: crear empleos a través de la producción de pollo, pavo y huevos EggPlus™ saludables y económicos para el resto del mundo.

La razón principal por la que las personas en la América rural dejan sus raíces, sus pueblos y las granjas donde crecieron es que ellos no pueden lograr una vida buena en el campo. En otras palabras, ellos no pueden ganar suficiente dinero en sus pequeños negocios para alimentar a sus familias y educar a sus niños, ellos no pueden hacer suficiente dinero granjeando para pagar por equipos, semilla, alimento, e hipoteca de tierra, o no pueden encontrar un empleo. Estos tres problemas son reparables, en mi opinión. Estoy muy interesado en que la gente en la América rural:

- Permanezca empleada.
- Haga suficiente dinero para mantener adecuadamente a sus familias y pagar sus facturas.
- Tener suficiente dinero para mantener sus propiedades y apoyar sus comunidades para que ellos puedan dejar su herencia a la próxima generación.

La América rural se salvará, en gran parte, por la creación de empleos bien pagados que permitan a hombres jóvenes de talento, inteligencia, y destreza quedarse en la América rural y tener una buena vida. Estoy muy orgulloso del hecho de que fui elegido en 1987 como East Texan of the Year principalmente por brindar empleos en Texas del Este.

CNBC puso al aire una serie de programas televisados nacionalmente, *Profiles of America*, que enfocaban en los negocios exitosos americanos. A Pilgrim's Pride le dieron treinta minutos de cobertura. Fue un programa altamente favorable que describía el impacto positivo que Pilgrim's Pride ha tenido en el mantenimiento de la vida rural en los Estados Unidos y México.

No hay nada que diga que un pollo incubado y criado en un ambiente rural necesita ser procesado en, cocinado en, o distribuido en una planta en un área rural. Los pollos viajan bien en camión. Hemos hecho un esfuerzo concertado, sin embargo, para mantener los empleos de procesamiento, de cocción y de distribución tan cerca de la granja como sea posible.

Hacer esto no es siempre fácil, sin embargo, tanto como amo la vida en pueblos pequeños y la vida en la América rural, y no me mudaría por ninguna razón, no todo acerca de los pueblos pequeños y la América rural es necesariamente conveniente o fácil cuando se trata de crecimiento corporativo.

Permítame darle un ejemplo.

A mediados de los ochenta los clientes nos enviaron una fuerte señal de que ellos querían más comida completamente preparada y productos más procesados, porciones de carne que estaban listas para recoger, calentar y comer. Todo en nuestra investigación indicaba que esto era una tendencia creciente, no una moda. Los americanos están más ocupados que nunca, y a ellos les gustan los productos de alta calidad que ellos pueden preparar en casa casi tan rápido como parar en el auto servicio de un restaurante de comida rápida. Sabíamos que necesitábamos actuar rápidamente para guiar el camino en dirección a este interés del mercado, y los medios para hacer eso implicaban expandir nuestras operaciones para añadir una instalación de cocción de pollo ultramoderna. Afortunadamente teníamos socios financieros que eran capaces de asumir el reto, y rápidamente.

La instalación de cocción de pollo necesitaba estar situada cerca de o adyacente a una planta procesadora, la cual suministraría pollos a la nueva instalación de cocción. Y necesitábamos contratar empleados adicionales para las operaciones de procesamiento y cocción. Todos estos factores crean, como puede imaginarse fácilmente, algo como un acto de balanceo: ¡dónde situar una nueva operación como para tener socios que puedan integrarla! Los pueblos pequeños son pueblos pequeños. Solo hay tantos socios disponibles aunque cada adulto disponible esté trabajando en una planta. Pittsburg está a solo quince kilómetros de Mount Pleasant, una comunidad más grande, pero nuestras principales plantas de procesamiento y distribución estaban listas en Mount Pleasant. Comenzamos a buscar un local que nos permitiera aproximarnos desde Pittsburg, Mount Pleasant y otros pueblos pequeños, suficientemente cerca del molino de comida de Pittsburg, incubadoras y polleras. En Mount Pleasant preparamos nuestras instalaciones modelo.

En algunos casos, la adaptación ha significado añadir guardias a los sábados con el fin de aumentar la capacidad de procesamiento. En la mayoría de los pueblos pequeños, el sábado es algo como el día de la familia y la comunidad, es cuando programan los eventos especiales, se dirigen las ventas de garaje, y la gente tiende a ver a sus seres queridos actuar en cualquier cosa desde producciones de teatro comunitario hasta los juegos de ligas menores. Existe un reto motivacional especial en hacer que la gente trabaje los sábados y tome otro día libre.

Los retos están ahí. Solo ser rural no significa ser más fácil. Así que...

2. *¿Por qué hacerlo?* ¡Porque la América rural es un lugar maravilloso para vivir y criar niños y estar juntos como familias!

La América rural es un lugar donde las amistades duran y los cuidados son profundos.

La América rural es un lugar donde la gente conoce a sus vecinos y los cuida. Voy a Dallas con bastante frecuencia, está solo a casi ciento sesenta kilómetros de distancia, y estoy consciente de que hay incontables cientos

La América rural es un lugar donde el carácter y la reputación de una persona son más valiosos que el título del empleo o el balance bancario. Una persona puede no tener mucho dinero o posición pero aun así ser llamado un «buen hombre» o una «buena mujer». La honestidad, el trabajo arduo, la moralidad, la amabilidad, la generosidad, la amistad, y la integridad son preciadas.

de personas indigentes en Dallas. La mayoría parecen ser gente sin rostros y sin nombres que todo el mundo espera que el gobierno o la agencia de servicios sociales alimente y cobije. No hay gente indigente de la que yo sepa en Pittsburg, Texas. Si alguien viene a la ciudad sin trabajo y está dispuesto a trabajar, trabajo puede encontrarse para esa persona. Si alguien es incapaz de trabajar o cuidarse por sí mismo en tiempo de enfermedad física o pérdida material, los vecinos ayudan. Si alguien necesita un techo sobre su cabeza, puede encontrarse una manera de encontrar un lugar que esa persona llame «hogar». Si alguien pierde su camisa, alguien le da una camisa a esa persona. Los estadounidenses rurales se cuidan solos.

La América rural también es un lugar de gran fe. Si una persona no aparece por la iglesia el domingo en la mañana, los vecinos lo llaman para ver si hay un problema. Si una persona no va a la iglesia en lo absoluto, alguien viene a visitarlo con una invitación a asistir. ¡Si una persona quiere involucrarse en una iglesia, siempre hay un lugar de servicio para esa persona!

La América rural es un lugar donde la gente conoce a su alcalde y a los representantes del consejo legislativo por nombre. En mi ciudad, hemos tenido el mismo alcalde durante más de cinco décadas. Casi todo el mundo en Pittsburg conoce al alcalde D. H. Abernathy, y él es accesible y está disponible para escuchar a la gente y responder a sus necesidades. Si él no está en su oficina, probablemente pueda encontrarlo en un café local, y su secretaria probablemente le diga en cual. La gente en la

América rural tiende a conocer a sus legisladores y congresistas de estado, por reputación y afiliación familiar si no personalmente. Ellos conocen a los líderes de la junta escolar, al sheriff, al jefe de la policía, al jefe de bomberos, y a otras personas del servicio a la comunidad por su primer nombre. Los americanos rurales tienen un «mundo más pequeño» cuando se trata de población; por lo tanto, tienen mayor impacto cuando se trata de tomar parte en asunto relacionados con la escuela, las organizaciones voluntarias, las organizaciones de negocios, los grupos artísticos, y los proyectos comunitarios.

La América rural es un lugar donde el carácter y la reputación de una persona son más valiosos que el título del empleo o el balance bancario. Una persona puede no tener mucho dinero o posición pero aun así ser llamado un «buen hombre» o una «buena mujer». La honestidad, el trabajo arduo, la moralidad, la amabilidad, la generosidad, la amistad, y la integridad son preciadas.

Ciertamente no todo el mundo en la América rural es muy limpio o moralmente honrado. Toda comunidad tiene gente que está en ruinas, por lo menos de vez en cuando. Toda comunidad tiene gente que infringe la ley, que son holgazanes, y no trabajarán muy duro o por mucho tiempo en un empleo dado. La diferencia es que los estadounidenses rurales tienden a confrontar a estas personas cuando ellos necesitan ser confrontados, y también a acomodar a estas personas como parte de la comunidad. A aquellos que se embriagan se les da un lugar para dormir, y a esos que son holgazanes se les da un empujoncito a hacer algo productivo bajo el viejo proverbio: «El que trabaja, que coma». No solo se le da a la gente una segunda oportunidad; en algunos casos, se les da doscientas oportunidades. ¿Por qué? Porque esa persona es probablemente un amigo de la infancia, el hijo o la hija de un antiguo maestro de escuela dominical, o el nieto de una persona que era amiga cuando eras joven.

Ciertamente no todo el mundo en la América rural es igualmente talentoso o inteligente. Hay tantos enfermos, personas mayores, no calificadas y gente inculta en la América rural, en porcentaje, como en los suburbios y las ciudades. La diferencia es que la América rural parece sentir gran estima por el crónicamente enfermo y la persona mayor como parte del tejido de la vida; se les cuida, y no se les envía a un centro de algún tipo donde extraños cuidan sus necesidades. Si la gente quiere o necesita entrenamiento o educación, ellos usualmente pueden encontrar a alguien dispuesto a ponerlos al día o darles una oportunidad.

La vasta mayoría de nuestros socios viven en pueblos pequeños. Sus raíces les dan un sentido de lugar y una apreciación por el sentir y el ritmo de la vida en la América de pueblo pequeño. Ellos tienen un conocimiento profundo metido en los huesos de lo que los pueblos pequeños necesitan, y una de las cosas más importantes que ellos necesitan son buenos empleos. Ellos trabajan horas regulares y tienen buenas oportunidades de avanzar. Ellos reciben todos los beneficios y salarios que exceden el salario mínimo, aun para los nuevos contratos.

Como resultado, ellos se enorgullecen de su trabajo, de su compañía, y de ellos mismos. Toman la propiedad de los productos que producen.

La América rural es donde he elegido vivir mi vida. Es un lugar que valoro altamente y quiero ver florecer.

El pueblo natal es el lugar al que le devuelve algo

He vivido en Pittsburg casi sesenta años y en Camp County, donde están situados tanto Pittsburg como Pine, toda mi vida.

Pittsburg tiene una población de poco más de cuatro mil personas. Situada en el Noreste de Texas, está rodeada de campos, bosques y seis lagos. El pueblo es viejo según los estándares de Texas. Fue fundado por el alcalde William Harrison Pitts quien vino a Texas desde Georgia en 1854. Él compró doscientos acres de desierto al estado de Texas por sesenta centavos el acre y apartó cincuenta de esos acres para un asentamiento. Pitts y sus seguidores cultivaban algodón, el cual transportaban por vagones casi setenta y siete kilómetros al sureste de Jefferson donde los botes hacían flotar los empaques por el Red River río abajo y hacia el mercado en Nueva Orleáns.

Por las calles de Pittsburg, la vida se mueve despacio. El distrito del centro ha hecho restaurar bellamente las fachadas de dieciocho de sus tiendas, y el espíritu en la comunidad es fuerte. Dentro de nuestras oficinas corporativas, la vida se mueve a un paso ligeramente más rápido, ¡pero la gente aun es amistosa sin importar el paso! El patrimonio, la hospitalidad y los vínculos fuertes, todos tienen una fuerte historia en Pittsburg. Los Pittsburg Hot Links son famosos en esta parte de Texas, pero las aves están en el corazón de la economía local.

La mayor parte del tiempo puedes encontrar un camión de Pilgrim's Pride rodando por las calles de la ciudad o vagones de tren siendo cargados en el molino de comida.

Me gusta vivir en Pittsburg. Es un lugar que uno llama hogar fácilmente.

Y soy un firme creyente en devolverle al pueblo de uno. Patty y yo creamos un parque en el centro de Pittsburg durante los primeros años de los noventas.

Yo compré la propiedad para este parque, por cierto, a un hombre que he conocido desde los días de la secundaria, James Swells. Su padre vendió una bicicleta a mi hermano a crédito; esa fue mi primera bicicleta. El padre de James tenía un negocio de partes, y James lo convirtió en un negocio de marina que también manejaba cortadoras de césped. James y yo estábamos en la junta de diáconos en nuestra iglesia. A través de los años, James y su familia adquirieron varias piezas de propiedad en la parte central del pueblo. Le compré un terreno hace años. ¡Y luego esperé veinte para que él me vendiera un segundo terreno! Le doné ambas propiedades a nuestra iglesia para expansión. Esa es la manera en que se hacen las cosas en mi ciudad, los amigos trabajan juntos, adoran juntos, y se compran y venden entre ellos.

Le colocamos el nombre Witness Park al parque que creamos en el centro de la ciudad. En medio de él hay una torre de oración Prayer Toser que construimos como un punto de referencia distintivo para la comunidad. Encima de la capilla hay un campanario de setenta y cinco pies que sostiene cuatro campanas Paccard hechas en Francia. La capilla está siempre abierta, y ofrece un lugar de refugio tranquilo para los visitantes y ciudadanos del pueblo. El registro de invitados allí nos dice que hemos tenido visitantes de alrededor de todo el mundo.

En la capilla, cuatro vitrales presentan la vida de Jesús. La estructura nos costó personalmente, a Patty y a mí, un millón y medio de dólares, pero valió cada centavo. Fue dedicada el domingo de Pascua de 1992.

En la ciudad vecina de Mount Pleasant nuestra corporación dio una subvención de 1.4 millones de dólares para la ciudad para construir un parque de 62.8 hectáreas que tiene canchas de tenis, básquetbol y voleibol, diamantes de fútbol, un campo de balompié, puestos en concesión, un pabellón, y una senda de tres kilómetros alrededor de un lago de dos hectáreas.

¿Por qué hacer estas cosas?

Porque nos importa la calidad de vida en los pueblos donde vivimos y hacemos la mayoría de nuestros negocios. Es una manera de devolver. Es una manera de decir «gracias». El parque en Mount Pleasant se llama Heritage Park, y eso lo resume todo. Devolverle algo a una comunidad es una manera de establecer el patrimonio. En efecto, nuestros socios a través de 17 estados tratan de hacer las comunidades los mejores sitios para vivir y trabajar.

El Banco Pilgrim

Otra manera en que hemos escogido devolverle a Pittsburg puede ser menos obvia para alguna gente, el banco Pilgrim Bank. No estuvimos motivados principalmente por el prospecto de hacer dinero cuando comenzamos Pilgrim's Bank, aunque un buen banquero debe estar interesado en hacer dinero si el banco se va a mantener operativo.

Durante años, el principal banco en Pittsburg tenía un techo sobre la cantidad de dinero que se prestaba a cualquier cliente por razones personales. Ese techo era suficientemente alto para que una persona comprara un carro o un bote quizás. Usualmente no era suficiente para que una persona financiara una casa o un pequeño negocio, especialmente cuando los costos de viviendas y negocios se elevaban con la inflación. No iniciamos ninguna forma de absorción en la situación. En vez de eso, esperamos hasta que llegara el momento cuando los dueños del banco quisieran vender. Hicimos una oferta al banco, y así, me convertí no solo en un hombre de pollos, sino en un banquero. Aún sirvo como presidente de Pilgrim Bank, que ahora tiene cinco sucursales en Pittsburg y Mount Pleasant, Texas. He sido el socio mayoritario y servido a la junta del banco de directores desde 1969. El banco sirve a un territorio de negocios de varios condados en el noreste de Texas.

El banco está directamente frente a la Torre de oración y su parque, y de la iglesia a la que asisto, la First Baptist Church en Pittsburg. Me gusta la proximidad geográfica de estas instalaciones. De una manera maravillosa, los aspectos materiales y espirituales de mi vida parecen vinculados.

Siempre ha sido más importante para mí saber cómo vivir que cómo ganarme la vida. Yo no creo que el dinero deba ser separado de la vida espiritual de una persona. La manera en que manejamos el dinero es un buen indicador de la manera en que manejamos todos los regalos de Dios para nosotros. Además, el dinero es una de los principales medios

Siempre ha sido más importante para mí saber cómo vivir que cómo ganarme la vida. Yo no creo que el dinero deba ser separado de la vida espiritual de una persona. La manera en que manejamos el dinero es un buen indicador de la manera en que manejamos todos los regalos de Dios para nosotros.

por los que podemos bendecir a gente y compartir el evangelio con aquellos que no conocen a Cristo Jesús. El dinero es para *darse* e *invertirse*. Yo hago ambos. ¡Y me gusta hacer ambos en la América rural cada vez que se puede!

★ ★ ★

Si oyeres atentamente la voz de Jehová tu Dios, para guardar y poner por obra todos sus mandamientos que yo te prescribo hoy... Bendito serás tú en la ciudad, y bendito tú en el campo.

(DEUTERONOMIO 28.1, 3)

II

Nuestra expansión hacia México

Todas las cosas consideradas, sería mucho más fácil para mí, y para Pilgrim's Pride, permanecer en los Estados Unidos y simplemente vender productos donde podemos en vez de operar plantas y distribución en otras naciones. Nuestra razón principal para ir al viejo México no era solo hacer dinero, aunque cualquier buen negociante tiene que estar interesado en la línea de fondo de cualquier operación.

Había estado en México lo suficiente como para saber que mucha gente en el campo era pobre, y también que tenían una falta de proteína de carne en su dieta.

Yo quería ver que el negocio de los pollos hicieran en México lo que los pollos habían hecho en las partes rurales de los Estados Unidos, crear una fuente de alta calidad de proteína para el hombre común, y añadir a la prosperidad de la gente que trabajaba en las granjas. Con el paso de los años, me interesé de manera creciente acerca de la salud de nuestros vecinos en México, y también me interesé de forma creciente acerca de su bienestar económico.

Parte de este interés tiene sus raíces en mi creencia de que cuando nuestros vecinos cercanos están bien alimentados y económicamente estables, tendremos muchos menos problemas de inmigración en los Estados Unidos, alianzas mucho más fuertes, y una base de consumidores mucho más fuerte para todos los productos americanos incluyendo al avícola.

En 1987 negociamos la adquisición de tres compañías en México. Una fue Nutricos de la Ciudad de México, que tenía operaciones en Queretaro, Tepeji del Río, y la Ciudad de México. La otra se le compró al subsecretario de agricultura de México para ese momento, doctor Enrique Salinas. La tercera compañía, que pertenecía de manera privada a Hugo Martínez, estaba localizada en San Luis Potosí.

Hacer negocios en México involucró que trabajáramos un acuerdo con el gobierno mexicano y también la U.S. Foreign Investment Comisión, para que pudiéramos comprar deudas mexicanas del First National Bank of Chicago a través de un cambio equitativo. Pagamos cincuenta y tres centavos sobre el dólar por esta deuda del gobierno, y México, a su vez, les pagó a los propietarios por las tres operaciones que queríamos comprar. El trato se cerró en enero de 1988 con Pilgrim's Pride pagando más de 20 millones de dólares por las operaciones, menos el descuento.

Nuestro acuerdo con la Foreign Investment Comisión establecía que todos los beneficios por los primeros tres años se gastarían en México hacia la modernización de las instalaciones allí.

En 1988 añadimos varias granjas Purina a nuestras propiedades en México. En mayo de 1989 compramos el Purina Feed Mill en Queretaro, México. Necesitábamos un molino adicional porque nuestra población de pollos estaba creciendo rápidamente en México.

Con estas adquisiciones, nos convertimos en jugadores en el negocio agrícola internacional.

En los próximos tres años, triplicamos el tamaño de nuestras operaciones en México. Para 1991, teníamos más de 400 polleras (con aproximadamente 5 millones de metros cuadrados) y una nueva incubadora en México. Nuestra capacidad de procesamiento se había duplicado.

Hoy operamos tres plantas procesadoras y dieciocho centros de distribución en México. Nuestras plantas en ese país están estratégicamente situadas para servir al 75 por ciento de todos los consumidores mexicanos.

El reto de hacer negocios internacionalmente

Una de las cosas que he aprendido acerca de competir en el mercado mundial es esta: para tener éxito tiene que ser mejor que el mejor.

Otra cosa que he aprendido es que las reglas para hacer negocios aquí en los Estados Unidos no son necesariamente las reglas para hacer negocios en otras naciones. Por ejemplo, cerca del 20 por ciento de lo que producimos en México se llama *aves aderezadas New York*, lo que significa que tienen las cabezas y los pies. Estos tipos de pollos aparecen raramente en los supermercados de los Estados Unidos en estos días. Hubo un tiempo en el que el porcentaje estaba tan alto como el 80 por ciento. Por lo general, la mezcla producto en México también incluye 8 por ciento de aves completas para tiendas de alimentos, 30 por ciento de aves para asar sin los menudillos, y 26 por ciento de partes de aves.

Es más, en algunas partes de México los clientes quieren un pollo blanco sin piel ni grasa, pero muchos clientes todavía quieren un ave de piel amarilla porque ellos lucen más saludables. Para mantener nuestros pollos nutricionalmente sanos, pero añadir un color amarillo sin grasa, alimentamos las aves con maíz y caléndula, lo cual agrega cerca de cinco centavos el kilo al costo de criar un ave. Cerca de la mitad de nuestras aves en México se alimentan para el color amarillo, y la otra mitad se crían blancas.

En México, nuestro crecimiento del producto con valor agregado ha incluido deshuesar, empacar en bandejas, y ofrecer opciones de pre-precio para el vendedor al detal. No cocinamos productos en México. Es realmente más eficiente para el costo despachar productos precocidos desde Mount Pleasant, Texas, en vez de remodelar las plantas de México para esa función.

El mercado de México no es el mismo que el mercado de los Estados Unidos, y una persona en el negocio internacional es sabia para reconocer que está solo exportando una manera americana de hacer las cosas, o una manera americana de comer, cuando se muda al escenario internacional.

Diferente no significa más barato

Algunas personas parecen pensar que las operaciones foráneas pueden incluir muchos atajos más económicos, sea porque la gente en el país parece más pobre y menos entendida de atajos, o porque los estándares de excelencia son más bajos. ¡Ninguna de las dos es cierta para nosotros!

Existen peligros potenciales en hacer negocios en otras naciones. Solo como un ejemplo, enfrentamos un problema importante en 1994 cuando nuestras ganancias cayeron 93 por ciento en el cuarto fiscal que termina el 31 de diciembre. ¿Qué sucedió? ¡Una devaluación inesperada del peso mexicano! (El mismo año habíamos disfrutado ventas récord en el primer cuarto.)

Durante el próximo año, 1995, ¡el peso cayó en valor por casi el 40 por ciento! Las ganancias de nuestra compañía se deprimieron por más de 30 millones de dólares contra las expectativas, y tuvimos una pérdida en red de 7.9 millones de dólares a pesar de los récord de ventas. Aún así, Pilgrim's Pride fue financieramente fuerte y capaz de resistir los efectos de la devaluación del peso, y recuperarse bien. Sobrevivimos haciendo nuestras operaciones en México aún más eficientes y mejor posicionadas.

El mantenimiento y la actualización de las instalaciones son con frecuencia más costosos en otras naciones que en los Estados Unidos. Hemos gastado una gran cantidad de dinero para actualizar y renovar nuestras instalaciones en México a través de los años. La planta procesadora en Tepeji del Río es una de las 3 operaciones muy sofisticadas que tenemos allí ahora. Produce cerca de 1.1 millón de pollos a la semana en una planta que está cerca de la enorme área metropolitana de la Ciudad de México. Para alcanzar un nivel tan grande de producción, necesitábamos agregar dos plantas de hielo, un taller mecánico para la flota de camiones y un área de espera para los vehículos de transporte vivo y pollos procesados.

En la operación de San Luis Potosí, triplicamos la capacidad, lo que significó agregar una planta de hacer hielo de cincuenta toneladas y un pozo nuevo, realinear la maquinaria en la planta procesadora, y construir polleras adicionales en el área. Lo mismo fue verdad en Saltillo donde la compañía tiene granja criadora, polleras, una incubadora, un molino de alimento, y una planta procesadora.

Nuestro mercado principal en México es la Ciudad de México, por supuesto. La ciudad tiene una población que excede los 22 millones de personas en el conteo presente. Tenemos un edifico de oficinas de varios pisos en la Ciudad de México donde más de sesenta socios trabajan en ventas, personal, mercadeo, crédito y recolecciones.

Nuestras oficinas en México están realmente en Queretaro donde la compañía tiene dos molinos de alimento, cinco incubadoras y 1.334 polleras. Nuestras plantas procesadoras y molinos de alimento son instalaciones modernas. De hecho, para modernizar el molino de alimento agregamos un sistema capaz de manejar trenes conectados con 110 carros.

Estoy muy complacido y muy comprometido con el mantenimiento y la alta calidad de nuestras operaciones en México. Las instalaciones son comparables a aquellas que tenemos en los Estados Unidos, y nuestros empleados en México son competentes, comprometidos y tan orgullosos de ser parte del equipo de Pilgrim como aquellos en los Estados Unidos.

Somos propietarios del 44.5 por ciento de nuestra capacidad de polleras en México, y tenemos contratos al estilo de los Estados Unidos con el otro 55.5 por ciento. Criamos cerca de 3.7 millones de aves a la semana en México. Nuestras operaciones vivas incluyen el molino de alimento. La producción de cría de pollos está en granjas grandes, bellas y relativamente aisladas. Todas las instalaciones de pollos son compañías propias. Tenemos dos grandes granjas criadoras en el estado de Coahuila, cada una con cuarenta y ocho casas equipadas con la más moderna tecnología. Nuestras otras dos granjas criadoras están en el estado de Queretaro.

Me refiero a nuestras operaciones allí como nuestros pollos «alta milla». La mayoría de nuestras instalaciones de producción agrícola están a una altitud de 2.000 metros sobre el nivel del mar.

Hasta con gastos agregados y fluctuaciones monetarias, el futuro parece brillar para nosotros en México. El consumo avícola en esa nación está creciendo a un paso más rápido que en los Estados Unidos. El mercado tiene más de 100 millones de consumidores en todas las fases de la satisfacción al cliente y de la ejecución general.

Somos la compañía avícola número dos en términos de volumen. Nuestros ingresos allí cuentan por cerca de un quinto de nuestro ingreso como corporación. Alcanzamos la marca del billón de dólares en 1996 y continuamos creciendo.

¡Viva México!

Porque toda la ley en esta sola palabra se cumple:
Amarás a tu prójimo como a ti mismo. Pero si os mordéis y os coméis unos a otros,
mirad que también no os consumáis unos a otros.

(GÁLATAS 5.14-15)

12

MONTAR LAS OLAS IMPREVISIBLES
DE LA INDUSTRIA AVÍCOLA

El negocio agrícola, y el granjeo en general, es uno de los negocios más complicados que una persona puede perseguir. Muchas de las variables que pueden producir un año de éxito o fracaso están simplemente más allá del control de los seres humanos. Aprendí muy temprano en este negocio que los banqueros e inversionistas no le tienen mucho cariño a la falta de predictibilidad.

Tampoco Wall Street. No importa que Pilgrim's Pride haya sido una compañía Fortune 500 desde 1989. A Wall Street nunca le ha gustado particularmente la idea de invertir en compañías donde los precios fluctúan, algunas veces de manera salvaje, y cuyos futuros dependen en gran medida de factores que están más allá del control de un ejecutivo corporativo. Sin embargo, ¡Esa es la naturaleza de la industria avícola!

Sólo he pasado una noche sin dormir en mi vida; fue la noche en que mi hermano Aubrey murió en abril de 1966. Aubrey y yo éramos hermanos y socios de negocios. Nadie era más cercano a mí. La noche en que él murió yo pasé horas dando vueltas, preguntándome qué sucedería conmigo… con el negocio… con nuestros clientes… con nuestros prestamistas… con nuestros empleados. Fue una noche llena de preocupación. Yo imaginé y re-imaginé incontables escenarios de lo que podría suceder y de lo que podría llegar a ser de todos nosotros. También fue una noche de duda. Me preguntaba si podría operar la compañía por mí mismo, si tenía lo necesario para ser el oficial ejecutivo en jefe y para tomar las tareas que Aubrey había estado haciendo.

Cerca de la mañana tomé una decisión: «Voy a operar esta compañía».

Esa simple decisión le dio dirección a mi vida desde ese día en adelante. Y es una decisión que todavía está en efecto. Tomé la responsabilidad total de hacer Pilgrim's Pride una historia de éxito espectacular. Tomé las riendas del liderazgo de forma resuelta. Tenía toda esperanza e intención y deseo motivador de operar la compañía hasta alturas aún más grandes. El fracaso no era una opción.

Creo que esa decisión es crítica para el éxito de cualquier persona, especialmente para el líder de cualquier organización o compañía. Un líder que sea persuadido al liderazgo raramente se convierte mucho en un líder. Un líder que acepta acentuadamente el manto del liderazgo por lo menos tiene una oportunidad de venir a ser grande.

Los próximos tres años no fueron fáciles; de hecho, la frase para describirlos podría ser «extremadamente tumultuosos».

Primero, parecimos luchar un poco para encontrar nuestra identidad corporativa y nuestra identidad correcta. Cambiamos tres veces el nombre de la compañía, desde Pilgrim Feed Mill a Pilgrim's Corporation en octubre de 1969, a Pilgrim Industries, Inc. Sólo dos meses después en diciembre de 1969. Ese fue nuestro nombre hasta el 27 de junio de 1985, cuando se adoptó el nombre Pilgrim's Pride Corporation. Ese sigue siendo nuestro nombre hasta este día.

Segundo, experimentamos un crecimiento tremendo.

La capacidad del molino de alimento se triplicó. Gastamos 175.000 dólares para agregar un molino de pollo con caballos de fuerza, una balanza de bulto de tres toneladas, y dos secciones de cubos de almacenamiento para aumentar la capacidad del molino a 2.400 toneladas a la semana. Como parte de la expansión, nos convertimos en corredores de melaza. Inicialmente comprábamos melaza, un aditivo del alimento, a una compañía en Houston para nuestras propias mezclas de alimento, pero luego comenzamos a vender melaza a otros quince molinos de alimento en grandes cantidades.

Estábamos produciendo 300.000 pollos bebé para finales de la década, la capacidad total de nuestra incubadora, y también comenzamos a procesar y a mercadear huevos comerciales bajo el nombre «Pilgrim's Pride».

Tercero, enfrentamos lo que pudo haber sido problemas financieros importantes. Cuando pienso en esa época, parece que hubiera perdido gran parte de mi tiempo y energía trabajando en tratos financieros para permitir nuestra rápida expansión.

Mucho de nuestro crecimiento y éxito hasta ese punto había sido posible porque la comunidad financiera repetidamente proveyó los fondos que necesitábamos para las operaciones diarias o para las expansiones importantes. En 1969 estábamos haciendo negocios financieros principalmente con CIT Corporation, y fuimos capaces de alcanzar un acuerdo con Associates Finance of North América para tener fondos financieros disponibles a través de un plan que involucraba refinanciar el molino de alimento. Después de años de tratar de lograr un trato, también fuimos capaces de asegurar los fondos para financiar pollos vivos por parte de la Production Credit Association of Nashville, Arkansas. The Nashville PCA tuvo éxito al obtener el permiso del Federal Intermediate Credit Bank de St. Louis para extender arreglos de crédito al Texas nororiental. Con estos nuevos arreglos financieros, el negocio avícola no solo estaba creciendo rápidamente por todo Arkansas, sino mudándose hacia Texas nororiental a través de Pilgrim's.

Cuando el Marshall Credit Production Association surgió con las operaciones del Crockett, Texas, Pilgrim's fue capaz de obtener una renuncia por parte de las oficinas de Crockett porque su experiencia era principalmente en algodón y ganado. Los oficiales de Crockett tenían poca experiencia en financiar aves. Nashville PCA entonces fue capaz de obtener ayuda adicional del Red River Production Credit Association y del Pine Bluff, Arkansas, Credit Association para ofrecer, finalmente, una mesurable línea operativa de crédito para nuestro inventario así como para financiar otras instalaciones que necesitábamos a medida que crecíamos.

Utilizamos algunos de estos créditos extendidos para ayudar a Sam Hatcher y Jack Millar a establecer una segunda planta procesadora en Mount Pleasant. Esta sociedad había asegurado un préstamo de Small Business Administration para financiar la planta pero requería más fondos y pollos para mantener la planta operando beneficiosamente. Estuve de acuerdo en proveer lo que necesitábamos de vuelta por interés de un tercio en la planta Goleen Feast Poultry Processing Plant. Más tarde adquirimos un 50 por ciento de interés en esta compañía, y luego, adquirimos el 100 por ciento.

Montar los mercados en los setenta

Entender el mercado del pollo es muy simple: por cada pollo que no puedas vender, pierdes dinero. Por cada pollo que puedas vender por menos de lo que cuesta incubar y criar el pollo, pierdes dinero. Ningún productor quiere tener más pollos disponibles para la venta que lo que el mercado quiera comprar. Ningún productor puede sobrevivir vendiendo con pérdidas, por lo menos no por mucho tiempo.

Los primeros años de los setentas fueron un tiempo particularmente malo para el negocio del pollo. El gobierno impuso un congelamiento del precio al detal en 1973 por sesenta días en un momento en que los costos del alimento al por mayor estaban disparándose y los criadores estaban destruyendo los pollos en vez de alimentarlos por dos meses y venderlos con pérdidas. La corporación Tyron Foods, Inc., fue reportado en el *Wall Street Journal* (15 de julio de 1974) como que estaba ahogando 300.000 pollos y destruyendo 800.000 huevos a medida que cerraba una instalación hasta que la producción de pollo fuera beneficiosa otra vez. Otro granjero regaló según reportes cerca de 2.200 gallinas ponedoras en vez de aceptar un precio de cuatro centavos por libra por ellas en el mercado. Estas acciones dramáticas no eran inusuales.

En respuesta a estas condiciones de mercado, los productores avícolas crearon la Nacional Broiler Marketing Association (NBMA) bajo los auspicios del Acta Capper-Volstead que permitía el mercadeo cooperativo en agricultura. Yo era parte del grupo que creó esta organización. Los precios inmediatamente comenzaron a elevarse para los pollos, y durante algunos años, los productores avícolas finalmente obtuvieron ganancia.

Este grupo compartió información de precio entre sus miembros, que representó cerca del 70 por ciento del mercado compartido en la industria del pollo. Más tarde, el Justice Department demandó al NBMA, declarando que los productores agentes estaban operando contra la legislación anticonfianza, en otras palabras, precios arreglados. El asunto fue a la Corte Suprema, y al final, los productores más importantes recibieron cientos de miles de dólares. Para el momento, sin embargo, el precio congelado se había elevado, y la mayoría de las compañías estaban otra vez sobre bases financieramente más sólidas.

El negocio del pollo desde los setentas hacia los ochentas tuvo muchos altibajos. Varios de los bajones se relacionaban con las regulaciones del gobierno que siempre parecían estar cambiando. Por ejemplo, las leyes federales de impuestos en los setenta permitían a las operaciones de pollo utilizar cuentas en efectivo en vez de cuentas de acreencias. Con cuentas de efectivo, una compañía podría reservar las ventas cuando llegaba un cheque de un cliente, y luego reservar los gastos cuando emitía un cheque a un vendedor. Esto significaba que hacia el final de un año con ganancias una compañía podría comprar alimento adicional para el siguiente año, emitir un cheque para eso, y hacer ese gasto de inmediato. Entonces en 1989, el gobierno eliminó las cuentas en efectivo para las grandes compañías, y varias empresas agricultoras estaban en graves problemas.

Situaciones como estas simplemente componen lo que es la realidad básica para el negocio avícola: criar pollos es altamente impredecible,

> *Nuestra industria es una industria de «centavos y gramos». Si podemos reducir nuestros costos apenas un centavo por dólar y aumentar nuestras ventas apenas un centavo por dólar, ¡mejoramos nuestra línea de fondo un 2 por ciento! Eso es matemática básica, por supuesto, pero el principio no debería olvidarse nunca.*

financieramente hablando. Apenas el cambio más pequeño en la comida de soya y el precio del maíz puede afectarnos grandemente. Apenas uno o dos centavos sobre el precio de la venta de pollo por libra también puede afectarnos grandemente.

Con frecuencia he dicho que nuestra industria es una industria de «centavos y gramos». Si podemos reducir nuestros costos apenas un centavo por dólar y aumentar nuestras ventas apenas un centavo por dólar, ¡mejoramos nuestra línea de fondo un 2 por ciento! Eso es matemática básica, por supuesto, pero el principio no debería olvidarse nunca.

No creamos un producto que se vende por miles de dólares. Creamos un producto que se vende por libra, y generalmente hablando, el precio por libra es en un dólar y centavos.

Una cosa interesante acerca de esto es que un cliente generalmente toma una decisión de compra acerca de pollos frescos basado en el costo de un paquete de pollo en vez del costo por libra. Necesitamos quedarnos en el tope del costo del paquete, no solo en el costo por libra, que es aceptable para el cliente al detal.

Fluctuaciones de gran dinero

El costo de producir pollos y el precio que recibimos por la cantidad que producimos pueden fluctuar por millones de dólares al año. El precio que recibimos por vender pollos puede fluctuar tanto como un billón de dólares al año. Para mí estas son cifras para quedarse duro.

El cambio en el precio de la acción puede ser para quedarse frío.

Pilgrim's Pride Corporation se hizo pública en el New York Stock Exchange el 15 de noviembre de 1986, bajo el símbolo CHX. Más de 50 millones de acciones se vendieron como un paso importante hacia la expansión financiera. Utilizamos el dinero para comprar los intereses de Doris Julian, (la viuda de Aubrey Pilgrim) y sus tres hijos. Como resultado de esta compra, me convertí en dueño del 80 por ciento de la compañía.

Mi propiedad se reestructuró después así que hoy me pertenece cerca del 38 por ciento de la compañía y soy el accionista mayoritario. ¡Miro el precio del mercado de Pilgrim's Pride tan cercanamente como cualquier otro! Si no conociera mi propia compañía, habría momentos cuando las fluctuaciones en el mercado podían ser desanimantes. La buena noticia es que yo sí conozco mi propia compañía, y por lo tanto, estoy extremadamente animado la mayor parte del tiempo.

Las fluctuaciones en el negocio avícola pueden ser tan extremas que cualquier ganancia se borra en cualquier cuarto o en un año determinado. La fluctuación normal en el costo de producción puede ser de dos a cuatro centavos por libra en un cuarto dado; eso se traduce en 300 millones al año para el volumen que producimos. La mayor parte de esta fluctuación está en el costo del maíz y en la comida de soya.

El precio de venta puede fluctuar también de 120 a 250 millones de dólares al año. Esto depende en parte de cuántos pollos se produzcan, no solo por nosotros sino por nuestros competidores.

Ciertamente esperamos que estas cifras se balanceen para que nuestras ganancias sean realmente 250 millones de dólares al año. El tamaño de la compañía maneja las cuatro cifras (costos de producción, precios de ventas, ganancias y precio en el mercado). Todo debe mantenerse en un balance muy cuidadoso para que surja una ganancia sólida.

Un día apenas el año pasado experimentamos una caída extrema e inesperada en nuestro valor en el mercado. Para mí personalmente, la pérdida de un día representó más de 81 millones de dólares. Un amigo me preguntó cómo me sentía al ver que esa pérdida aparecía en el reporte

> Un día apenas el año pasado experimentamos una caída extrema e inesperada en nuestro valor en el mercado. Para mí personalmente, la pérdida de un día representó más de 81 millones de dólares. Un amigo me preguntó cómo me sentía al ver que esa pérdida aparecía en el reporte financiero diario que recibo de mis ejecutivos financieros. Le respondí: «Todo está bien, ¡Gloria a Dios!»

La verdad es, que no dejo que una fluctuación como esta tenga influencia en mí. Sabía que Pilgrim's Pride era saludable en cada asunto medible. Tenía una confianza aún mayor de que el Señor está a cargo de mi vida y, a través de mí, de mi negocio. He pasado por estas fluctuaciones durante tantos años que también tengo confianza que lo que baja finalmente sube; las fluctuaciones son cíclicas. Suficientemente seguro, dentro de pocos meses, el valor de nuestro mercado se había restaurado.

Lo que estas fluctuaciones significan desde un punto de vista de negocios es que enfrentamos una necesidad especial de trabajar con organizaciones de préstamo reconocidas que entiendan la volatilidad y las necesidades exigentes de una compañía tal como la nuestra.

Crecimiento rápido puede significar crecimiento rápido de deuda

¡He llegado a darme cuenta a lo largo de los años que con crecimiento rápido uno puede experimentar fácilmente rápido crecimiento de la deuda!

Uno de los mayores retos que hemos enfrentado como corporación fue una reestructuración de nuestra deuda y finanzas a través de una oferta de 100 millones en bonos públicos en 1993. Como parte de ese esfuerzo reestructurador, Cliff Butler, nuestro oficial financiero en ese tiempo, Lindy M. «Buddy» Pilgrim, quien había tomado las riendas como presidente de Pilgrim's Pride, y yo encabezamos un «Show de carretera» de dos semanas de costa a costa con Donaldson, Lufkin & Jenrette Securities Corp. En un punto cubrimos doce ciudades, centros financieros principales en los Estados Unidos, así como ciudades en dos naciones extranjeras, en un período de ochenta días. Visitamos más de cuarenta inversionistas importantes de bonos en nuestro esfuerzo por mercadear los bonos. Tuvimos éxito.

La oferta reestructuró gran parte de nuestra deuda, incluyendo bajar las tazas de interés y extendiendo la madurez. También aseguramos un nuevo grupo de seis bancos que brindaran un capital de línea de operación de 75 millones de dólares. Los resultados de nuestras operaciones eran fuertes, y el nuevo financiamiento nos posicionó para asumir el futuro.

¿Por qué compartir historias como estas?

Porque cualquiera que entre a la industria avícola, o cualquier aspecto del negocio agrícola, necesita tener una dosis especial de valor.

La historia de Fieldale Farms, un productor avícola importante en el pasado, ha sido documentada en un libro. Una línea en la introducción de ese libro capturó mi atención. «Hace falta un tipo particular de agallas para manejar una compañía avícola». No puedo estar más de acuerdo.

La clave para sobrevivir en el mundo de los negocios de hoy sin perder el sueño, o desarrollar úlceras, es tener fe en su producto, fe en su compañía y lo más importante, fe en el Señor. No sé cómo hace la gente que no tiene fe en Dios. Él es el que hace las olas, y Él es el que las calma. Día a día, Él es también quien nos da la habilidad de montar las olas sin volcarnos, personal y corporativamente.

Conforme a la medida de fe que Dios repartió a cada uno.
(ROMANOS 12.3)

13

Adquirir o ser adquirido, ¡Ese es con bastante frecuencia el reto!

En 1969, mientras asistía a un seminario de negocios, aprendí una lección invalorable acerca de fusiones y adquisiciones.

Varios profesores de Harvard estaban enseñando en este seminario que explicaba el flujo de caja descontinuado y el valor presente del dinero. Ellos proponían que una persona podía salir y encontrar a alguien que quisiera vender un negocio, utilizar efectivo, y alcanzar un acuerdo para pagar por un período extendido de tiempo. Eso era una idea nueva para mí, ¡pero enseguida me atrapó! Pilgrim's Pride se movió hacia un período de crecimiento por adquisición, lo que se convirtió en un sello para toda la próxima década.

Primero adquirimos Market Produce Company de Forth Worth, que tenía instalaciones en Arlington, Corsicana, Odessa y El Paso. Pagamos 2.1 millones de dólares por esta compañía y utilizamos su efectivo para pagar a Arch Myrick por su compañía durante un largo período.

Nosotros compramos una planta de plantados en Mount Pleasant de John B. Stevens, y en 1971 comenzamos a empacar individualmente pollo congelado rápido cocido (IQF) y crudo allí. Estábamos diez o quince años adelantados a nuestro tiempo y la línea de producción fue descontinuada pronto. Hoy, sin embargo, IQF es una parte significativa de nuestro ingreso. También compramos otras dos plantas de Stevens: la NE Texas Parking Co. y una planta de servicios en Mount Pleasant. Las instalaciones no tenían espacio para el crecimiento y necesitaban modernización.

Finalmente echamos abajo las estructuras y construimos una nueva moderna planta de conversión de proteínas en 1975. La planta ha sido actualizada varias veces a través de los años. Podría servir productos de carne de res así como menudillos avícolas. Los subproductos de esta planta se convierten en ingredientes de comida para mascotas que se venden a grandes compañías como Ralston Purina, Kal-Can, Carnation y Iams.

Compramos el Graham Feed Elevador en Rosser, Texas, que tenía una capacidad de 300.000 busheles de granos. Esto complementó nuestras instalaciones de almacén de Pittsburg.

En 1974 alquilamos una planta procesadora avícola en Dallas y más tarde la compramos.

Abrimos nuestra segunda incubadora, la cual llamamos de forma muy poco creativa Incubadora N° 2, en 1975, y nos colocamos una meta de producir 1 millón de pollos a la semana para septiembre de 1979. Logramos esa meta.

No todos nuestros planes de expansión y adquisición resultaron bien. Nuestro fracaso principal vino de lejos de casa, de California.

Esperábamos mudarnos hacia la industria de la comida rápida y de los supermercados al detal en Los Ángeles con la compra de la corporación Crenshaw Foods Corporation en diciembre de 1975. Esta compañía había sido una distribuidora de aves, carne de res, puerco, pescado y muchos otros artículos en el área de California del Sur. Estaba en bancarrota, e hicimos la compra del juez de bancarrota con el entendimiento de que el negocio no sería cerrado durante los procedimientos de bancarrota. Más tarde el juez pensó que era necesario cerrar el negocio para obtener una cuenta precisa del inventario, y al hacerlo, se perdió todo lo que se había establecido del negocio. Los clientes perdieron confianza en futuras entregas, y luchamos durante más de dos años por salvar el negocio y recuperar su confianza, pero fracasamos. Finalmente tuvimos que cerrar esa operación porque simplemente estábamos perdiendo demasiado dinero. Vendimos la propiedad a Tropicana Orange Juice de Florida.

Llegar a la lista de los diez mejores

Nosotros compramos Mountaire Poultry Company de DeQueen y Nashville, Arkansas, en septiembre de 1981. Esta compañía era de cerca de un tercio del tamaño de Pilgrim's. La adquisición nos dio reconocimiento nacional e hizo a nuestra compañía uno de los mejores diez productores de pollo en los Estados Unidos. En esta compra estaba incluida una planta procesadora y una incubadora en DeQueen, y una incubadora y un molino de alimento en Nashville. Previo a nuestra adquisición de Mountaire, todos nuestros productos en Pilgrim's se vendieron en bulto a los clientes, incluyendo supermercados y cadenas de restaurantes. La compra de las instalaciones de DeQueen brindó la oportunidad de entrar al negocio de pollo preempacado al detal (chill pack) en 1983.

Para acompañar las nuevas capacidades de procesamiento de chill pack en DeQueen, la compañía abrió nuevas oficinas de venta y mercadeo en Dallas en enero de 1983. Todas las responsabilidades de venta y mercadeo se consolidaron bajo este grupo centralizado. Este fue el comienzo de hacer un esfuerzo importante, y esto, a su vez, nos movió más allá de la comodidad de las ventas en bulto.

Un hombre que se unió a nuestra compañía cuando compramos Mountaire, fue Bob Hendrix, alguien que continua siendo un gran contribuyente hasta hoy. Algunos años después, en una reunión de gerencia en Dallas, le di a Bob un premio único. Le dije al grupo que estaba tan orgulloso con la labor que Bob estaba haciendo que estaba dispuesto a darle mi camisa. ¡Y me percaté de que debía poner en práctica mis palabras! Así que desabotoné mi camisa, me la quité, y se la di. Todavía la tiene.

No todos los negocios que yo hacía se dirigían a través de la compañía, sin embargo. Como un ejemplo, en 1981, compré personalmente 50 por ciento de interés en Goleen Feast, que era propiedad de Lane Poultry

Company. Dos días después, vendí esta operación a Pilgrim Industries, Inc., y descontinuamos el nombre Golden Feast y dimos nuestro propio nombre a los productos.

En Mayo de 1982 compramos el Strube Egg Faros, que nos llevó a tener 2.4 millones de gallinas ponedoras para la producción de huevos de mesa.

Nuestras breves negociaciones con Tyson

En 1988 me encontré enfrentando una convergencia inusual de situaciones financieras, y el efecto red de ellas fue que comenzamos a perder una considerable cantidad de dinero, ¡aproximadamente un millón de dólares a la semana!

Eso es mucho dinero para perder en una semana, y yo sabía que si las cosas no cambiaban, nos estrellaríamos en las rocas de la bancarrota dentro de unos meses. Ofrecí vender la compañía a Tyson Foods por cerca de 9 dólares la acción. Negociamos una carta de intención, pero siete días más tarde, Tyson Foods abruptamente tomó la decisión de no cerrar el trato.

Mientras discutíamos esta situación, un miembro de nuestra junta me hizo una declaración muy simple: «Bo, el Señor te ha regresado la compañía». Eso me golpeó realmente. Sabía que era verdad. Me fui a casa de esa reunión y leí cada pasaje que pudiera encontrar en la Biblia que tuviera que ver con las promesas de Dios.

Tomé una decisión esa noche que fue tan importante como la decisión que tomé en 1966 después que Aubrey murió, que yo iba a operar la compañía. Esta vez fue la decisión de que nosotros continuaríamos operando la compañía, y más importante aun, que pondríamos toda nuestra confianza en el Señor para que nos sacara de este tiempo difícil y que le creeríamos a Él para un cambio exitoso.

El siguiente día anuncié a la junta que íbamos a seguir operando y que confiaríamos que Dios hiciera un milagro para nosotros.

Dentro de cinco meses, las cosas habían cambiado de manera que estábamos haciendo un millón de dólares a la semana en vez de perder ese dinero a la semana. Seguimos adelante con un bono público de 50 millones de dólares al 14.5 por ciento a través de First Boston Corporation.

Como parte de nuestro esfuerzo de cambio, pensamos que quizás debíamos traer nuevo personal de gerencia. Pensamos mal. Eso probó ser un error importante de nuestra parte, uno que corregimos tan pronto como fue posible.

La verdad es, que la mayoría de nuestro éxito del día a día y nuestros principales logros han resultado del trabajo de gerencia y del personal por hora, gente que llamamos genuinamente «socios» que han estado con la compañía por muchos años y tienen dedicación y lealtad que no puede encontrarse fácilmente afuera.

Para el momento en que trajimos nuevo personal de gerencia, estábamos creciendo rápidamente, pero como es el caso con frecuencia, con crecimiento rápido puede venir el rápido crecimiento de la deuda. Habíamos gastado más de 100 millones de dólares en México. Arreglamos un préstamo de 50 millones de dólares pero sobrepasamos el convenio de préstamo. Nosotros apartamos al nuevo personal en agosto de 1992, y el mes siguiente, enfrentamos nuestro peor año fiscal con una pérdida después de los impuestos de 29.7 millones de dólares. La pérdida, combinada con la expansión de México, hizo muy infelices a algunos de nuestros acreedores, y muchos de ellos comenzaron a retar el juicio de la compañía y a retirar el financiamiento. Los prestamistas también querían forzar a la compañía a vender nuestras inversiones en México.

Me rehusé a hacer eso. Respondimos vendiendo el valor de 30 millones de dólares de reservas previamente no emitidas a Archer Daniels

Midland Company. Esta nueva infusión de equidad compensó las pérdidas de 1992 y demostró nuestro compromiso con la compañía y mi confianza personal en que la gente de Pilgrim's Pride, bajo la nueva gerencia, podía voltear la situación. Moral elevada. Un vuelco financiero comenzó tarde en el año calendario de 1992, y restauramos totalmente nuestra estructura financiera en los primeros meses de 1993. En 1997, adquirimos Green Acre Food en el sudeste de Texas, y una planta procesadora grande cerca de Waco, Texas, dos años después.

La tarea con los pavos

Un reto frecuente en una adquisición es añadir un nuevo producto que no ha sido hecho por la compañía matriz o que no ha sido enfatizado por esta. Experimentamos tal reto en nuestra adquisición de WLR Foods. Nos puso de nuevo en el negocio del pavo de una manera relevante. Habíamos estado en el negocio del pavo en años anteriores, casi sin ningún éxito. Considerando todo, los pavos son un negocio duro.

Toda industria o negocio probablemente tenga un área en la que los ejecutivos corporativos ven mucho más potencial para un producto que lo que ven los clientes. Desde mi perspectiva, esa área es el pavo.

Los pavos son aves grandes, excelentes. Sólo verlas pavonearse alrededor de un corral de aves hace sonreír a cualquiera. La economía de la cría de pavo y de su procesamiento, sin embargo, puede algunas veces darle dolores de cabeza a un ejecutivo avícola.

Por un lado, los pavos están muy ligados a una festividad culinaria importante, el Día de Gracias, y también a Navidad. Eso significa que gran cantidad de pavos deben estar disponibles en un período breve de tiempo, usualmente en un mes. El resto del año, vender pavos es un reto.

No es que sean menos versátiles, menos nutritivos o menos sabrosos que el pollo. Es sólo que mucha proteína es un gran valor dólar por libra.

El procesamiento de los pavos no es para nada diferente al procesamiento de los pollos.

La diferencia está en la percepción pública de lo que es el pavo. Ha sido un proceso de educación del consumidor muy lento durante las últimas décadas para convencerle de que un pavo asado es una gran cena para nuestro Día de Independencia, el 4 de julio. Que el pavo puede ser marinado y asado, que la salchicha y el paté de pavo son grandes sustitutos del puerco y los productos vacunos.

En algunos círculos, el pavo está progresando, pero es casi como si tuviera que arrastrarse dentro de la cocina. Una persona me dijo hace poco que mezcla pechuga de pavo recién molida de su supermercado con carne de res magra molida en iguales proporciones y utiliza la mezcla en todo lo que hace sólo con carne molida: patés, lonjas de carne, chili, albóndigas y salsas para carne. Ella dice: «El resultado es muy sabroso, mucho menos grasa y más económico». ¡Eso fue música para mis oídos!

Hoy nuestro negocio de pavo se enfoca en productos de valor agregado, incluyendo nuestra línea especial de pavos óptimos rociados con mantequilla real.

La adquisición de ConAgra Poultry, nuestro trato más grande

Como mencioné en la apertura de este libro, adquirimos con ConAgra Poultry en 2003, la adquisición más grande en la industria avícola.

Mucha gente se sorprendió con nuestra adquisición de ConAgra Poultry, en parte quizás porque el trato era tan grande. En parte, la sorpresa puede haber sido registrada porque apenas habíamos adquirido W.L.R. Foods en 2001.

¿Qué consideramos al hacer esta adquisición?

Primero, la operación de ConAgra era una operación de calidad.
Segundo, teníamos buenas experiencias con adquisiciones previas.
Tercero, el movimiento estaba en mantener nuestros objetivos corporativos, los cuales compartí en un capítulo anterior:

- Aumentar las ganancias en un mínimo de 4 por ciento después de los impuestos.
- Dejar atrás el crecimiento de la industria avícola y mantener nuestra posición de liderazgo en la misma.
- Convertirnos en un líder reconocido en cada canal de mercado principal: detal, comida rápida, industrial, cuentas nacionales y exportación de pollo, huevos y pavo.
- ¡Ser un lugar excelente de trabajo!
- Somos un negocio, y no me disculpo por hacer dinero. Eso es lo que hace un negocio, primero y principalmente. Nos hemos propuesto una meta de un margen de beneficio del 4 por ciento. Eso nos permite tratar a nuestros socios-empleados y a nuestros accionistas de manera correcta.

Para ser rentables ahora y en los años venideros, necesitamos ser un líder no solo en la gran imagen general, sino en los segmentos específicos del mercado. En nuestra industria, estos siete segmentos son en los cuales intentamos ser líderes: detal, comida rápida, industrial, cuentas nacionales, exportación de pollo, exportación de huevos y exportación de pavo.

Buscar realzar

El efecto neto de nuestra adquisición de la división avícola de ConAgra fue de que de la noche a la mañana, duplicamos nuestro tamaño. La mejor parte de esta adquisición, sin embargo, no fue el crecimiento en volumen, sino el hecho de que nos sentíamos que habíamos hecho una adquisición que nos daba mayor flexibilidad y fuerza para el crecimiento futuro y la adaptación a los cambios del mercado, sin ningún cambio en nuestra naturaleza esencial. ConAgra no alteró quienes éramos o somos. Esa división de ConAgra solo enfatizó y realzó nuestras características básicas como corporación. Las marcas ConAgra, tales como Pierce, Easy Entrees, y Country Pride se combinaron bien con nuestras marcas.

Sabíamos que seríamos capaces de construir nuestra base de clientes sin ningún sacrificio en el compromiso del servicio al cliente, y que estaríamos en una posición de buscar nuevas relaciones con clientes que fueran saludables y beneficiosas en una base de ganar-ganar.

También sabíamos que teníamos una tremenda oportunidad de mercadear nuestras marcas internacionalmente, no solo regionalmente.

En algunas maneras, ConAgra realzó nuestra capacidad, somos más capaces de entregar al día siguiente a 75 por ciento de la población de los Estados Unidos y proveer un rango más amplio de productos desde una sola fuente. También existen maneras en las que realzamos lo que esta división de ConAgra estaba persiguiendo. El personal de ConAgra Poultry tiene la satisfacción de que la alta gerencia está enfocada en su negocio, productos avícolas, porque ese es nuestro *único* negocio. No hay distracciones. Hablamos el mismo lenguaje de negocios, apoyamos la misma investigación, pertenecemos a las mismas asociaciones sindicales, y hemos sido afectados por los mismos eventos de la industria.

No puedo hacer suficiente énfasis en estas cosas comunes.

En su negocio, sin importar cual sea, en cualquier momento que busque adquirir otra compañía, consolidar los departamentos, o formar una buena sociedad de negocios, creo que estos elementos necesitan estar en su lugar:

- *Necesita entrar en la nueva estructura con tanta fortaleza financiera como le sea posible.* Fuimos fuertes a la adquisición de ConAgra. Nuestras ventas Pilgrim's Pride estaban en 2.6 billones, nuestro séptimo año de crecimiento consecutivo. El ingreso neto creció 42 millones de dólares sobre el año anterior, resultando en un aumento de 1.01 dólares en ganancias por acción.

Uno de los ajustes que hicimos justo antes de la adquisición de ConAgra fue una consolidación de nuestras reservas Clase A y Clase B en una sola clase de reservas. Esta combinación ganó aprobación del New York Stock Exchange el verano inmediatamente previo a nuestra adquisición de ConAgra. Toda nuestra reserva ahora se negocia en el New York Stock Exchange bajo el Símbolo PPC.

No me importa admitir que yo gocé el momento en que pude tocar la campana de apertura en el New York Stock Exchange el 24 de noviembre de 2003, para celebrar la creación de esta sola clase de reserva y nuestro nuevo símbolo de negocio. Este movimiento simplificó nuestra estructura de capital, nos brindó una liquidez aumentada y un volumen de negocio, y nos dio mayor visibilidad entre los inversionistas y analistas. También nos dio mayor flexibilidad para acceder los mercados de capitales o emitir reservas adicionales en el futuro.

- *Debe ser capaz de hablar el mismo idioma de negocios. Crecimiento* no es un término para un tipo de ropa o un estilo de peinado. La gente en el negocio del pollo lo sabe. Otra gente no.

   Una gran cantidad de tiempo y energía puede gastarse aprendiendo un lenguaje si no está ya utilizando la misma jerga y tienen el mismo significado para los términos.

- *Deben apoyar la misma investigación.* Finalmente ambos necesitan construir sobre el mismo fundamento de hechos y principios. Si sus equipos de investigación y desarrollo tienen un entendimiento diferente de lo que es bueno, preciso, o beneficioso, está en problemas.

- *Deben pertenecer a las mismas asociaciones sindicales.* Esto es donde la información se intercambia y relaciones vitales se

construyen para el apoyo mutuo. Si se están moviendo en diferentes esferas, no van a surgir como una unidad fuerte.
- *Necesita tener una historia similar, habiendo sido afectados por eventos similares en su industria.* Hay una tremenda taquigrafía si ambos han pasado por las mismas experiencias, forcejeado con los mismos asuntos, y apoyado algunas de las mismas causas.

De hecho, mientras más lo reflexiono, puedo ver como estos conceptos básicos se aplican a casi cualquier forma de organización o sociedad mutuamente beneficiosa que una persona pueda crear. Ciertamente aplican a una persona que se mueve en una comunidad y busca una iglesia a la cual unirse. Ayuda si habla el mismo lenguaje, tiene el mismo entendimiento de la verdad, conoce alguna de la gente clave y tienen algunas relaciones en común (especialmente su relación con Jesucristo), y tienen una visión similar sobre los problemas del mundo y las soluciones que una iglesia podría ofrecerles.

También es cierto para el matrimonio. Una de las cosas que ha sido de gran valor en mi relación matrimonial con Patty es que venimos de las mismas raíces. Ella es de Camp County. A pesar de que ella es diez años menor que yo, crecimos en la misma área, conocemos los mismos puntos de referencia, y hemos conocido mucha de la misma gente toda nuestra vida. Compartimos los mismos valores y creencias centrales. Hablamos el mismo idioma… ¡tejano del este!

Existe un factor más que es importante en una adquisición o fusión. Alguien necesita guiar, alguien necesita estar a cargo. Pilgrim's Pride adquirió ConAgra Poultry. Pilgrim's Pride guía. Eso también es cierto en otras formas de relaciones. Un grupo sin líder va más rápido a ningún sitio.

Siempre hay ajustes en una adquisición o fusión de cualquier tipo. No quiero subestimar la necesidad de estar dispuestos a hacer ajustes y algunos compromisos cuando se trata de la manera en que se hacen las

> *El compromiso no es sabio si ambas partes abandonan algo que haga a cada parte más débil al final; solo por el bien de alguna forma de acuerdo. Busquen un bien más alto; colóquense una meta mejor; persigan una misión más elevada; persigan un beneficio más grande.*

cosas. Mi enfoque al compromiso es este: Com-prométete sólo si el resultado final los hace más fuertes a ambos. El compromiso no es sabio si ambas partes abandonan algo que haga a cada parte más débil al final; solo por el bien de alguna forma de acuerdo. Busquen un bien más alto; colóquense una meta mejor; persigan una misión más elevada; persigan un beneficio más grande.

Aunque hemos tenido nuestra parte de ajustes con ConAgra, hasta ahora, hemos encontrado la experiencia muy positiva. Hemos aprendido mucho del otro, especialmente en servicio al cliente, compras, producción y transporte. He disfrutado este proceso en lo personal. Es divertido hacer nuevos amigos que tienen intereses y metas similares. Ambos estamos buscando crecer y llegar a ser mejores, ¡y ese es un concepto central maravilloso para recordar en cualquier unión de fuerzas!

*¡Vamos ahora! los que decís: Hoy y mañana iremos a tal ciudad,
y estaremos allá un año, y traficaremos, y ganaremos...
En lugar de lo cual deberíais decir: Si el Señor quiere,
viviremos y haremos esto o aquello.*

(SANTIAGO 4.13, 15)

14

Características de un ejecutivo exitoso

Aprendí a disparar en el ejército, pero a diferencia de muchos hombres en Texas del este, no me interesa mucho cazar. Entonces un día algunos hombres me invitaron a ir a un viaje para cazar ciervos, y para mi sorpresa, y su impresión, yo tumbé un cubo con un disparo desde una distancia de 280 metros. La bala fue directa a través del corazón del cubo.

Es responsabilidad de un oficial ejecutivo en jefe ir directo al ojo del toro cuando se trata de tomar decisiones y operar una compañía. Cualquier otra cosa que no sea el ojo del toro va a afectar la línea de fondo.

De tiempo en tiempo me han pedido que hable a varios grupos sobre liderazgo. Si existe una fórmula para el éxito en los negocios, creo que probablemente es esta:

(Educación + destreza) x motivación = resultados

Esta fórmula se aplica al éxito de un ejecutivo individual y también a un equipo de gente en una compañía. Para nuestros propósitos en este capítulo, nos enfocamos en ti como líder.

Educación

Lo que usted sabe incluye su inteligencia heredada, su habilidad para razonar y pensar lógicamente. Incluye la escolaridad formal y la información que ha adquirido a través de los años por medio de experiencias y estudio personal. La educación se gana siempre con algún esfuerzo por parte de la persona, no sólo «escuchando» algo. Es prestar atención de cerca a lo que se escucha. Es recordar y utilizar información. Es aprender de los errores y no cometer el mismo error dos veces. Una persona necesita obtener toda la educación que necesite para hacer lo que sea necesario para alcanzar una meta.

Destrezas

Tal como con la inteligencia, la gente nace con una habilidad para hacer algo, todos tienen al menos una destreza o un talento innato. Las destrezas necesitan ser desarrolladas. Con el tiempo, muchas destrezas se desarrollan en base a la experiencia de vida o la experiencia laboral. Una persona necesita desarrollar sus destrezas al nivel más alto posible.

Una habilidad importante que desarrollar es su memoria. He sido bendecido con una buena memoria. Algunas personas piensan que es una memoria fotográfica. Parezco recordar cosas que son visuales, incluyendo nombres o palabras que veo escritas. Sin importar que tan buena o mala sea su memoria, haga su mayor esfuerzo por mejorarla. Es importante que recuerde lo que ha prometido, los tratos que ha hecho, los nombres de sus clientes y la información clave acerca de ellos, las experiencias que van con las decisiones que toma y los problemas previos que ha resuelto.

Motivación

Esto es empuje, «pasión interior», un movimiento hacia la acción. Incluye una habilidad para tomar la iniciativa, enfoque en las metas, y ser autodirigido. Es un estado mental apuntado a la resolución de problemas o la adquisición de cosas que se desean. La motivación no es una explosión esporádica de energía. Es un estilo de vida de buscar hacer más, ser más y lograr más.

Nadie puede o le motivará como usted se motiva a sí mismo. Y a menos que se motive, no buscará desarrollar su inteligencia o destrezas. No deseará perseguir metas más grandes.

Resultados

Resultados es otra palabra para metas o quizás cosecha. Es un resultado deseado, el cual puede ser riqueza, fama, poder, éxito. Es logro.

Enfocar en los aspectos de su negocio que están vivos

Más allá de la fórmula que he descrito, creo que es muy importante para un alto ejecutivo enfocarse principalmente sobre los aspectos del negocio que están vivos. El crecimiento de cualquier negocio está directamente relacionado con lo que puede crecer porque ellos residen en la gente que puede crecer. Los equipos pueden crecer. Es porque la gente crece que la productividad crece, la eficiencia aumenta, y la calidad mejora.

Los pollos están vivos y es maravilloso si tiene un producto que está vivo. ¡Hay un gran potencial para el crecimiento!

Como apunté antes en este libro, el consumo de pollo ha estado creciendo en un rango inmóvil alrededor de 6 por ciento por año. Eso significa que las compañías que producen pollo necesitan estar creciendo a un rango similar, especialmente si ellos quieren permanecer como un jugador importante en la industria.

Más consumo de pollo significa la necesidad de más pollo, lo que a su vez significa la necesidad no solo de más incubadoras, sino de más casas de pollos, así como la necesidad de más producción de alimento y más capacidad de procesamiento.

Si una parte de la compañía crece, todas las partes de la compañía necesitan mantener el paso.

En toda industria que conozco, crecimiento a un paso del 6 por ciento es un reto, pero es un reto especial cuando está tratando con un producto vivo que está sujeto a toda clase de factores. Por productos vivos me estoy refiriendo no solo a los pollos y otros animales de granja que manejamos, sino también a los varios granos y sustancias que comprenden el alimento utilizado en nuestras formulaciones. No solo el crecimiento necesita ser coordinado en todas las áreas, sino con la mayor cantidad de eficiencia en el transporte desde un segmento de la operación hacia el próximo.

Las entidades vivas, por supuesto, están sujetas a factores que pueden inhibir el crecimiento o hasta causar la muerte. Esto es cierto no solo para los pollos, sino también para los granos de alimento. El crecimiento es posible solo si todos los sistemas están funcionando y saludables.

Todas las cosas consideradas, el negocio agrícola, y en nuestro caso específico, el negocio del pollo, representa un reto que es probable que mantenga hasta a un ejecutivo altamente experimentado sobre las puntas de sus pies. Este negocio ciertamente me causa que me levante cada mañana con un alto grado de entusiasmo y expectativa. ¿Por qué? ¡Porque estoy tratando con una entidad viva, que respira, se mueve y crece!

Permanecer enfocado en las soluciones

Susan Combs es la comisionada de agricultura para el estado de Texas. A ella le gusta contar una historia acerca de su primer día en su nueva oficina. Ella entró en su oficina y notó algo en lo alto del librero. Susan mide seis pies dos pulgadas de alto así que ella se estiró a ver si podía halar el objeto que difícilmente podía ver. Resultó ser un pollo de peluche, de cerca de dieciocho pulgadas de alto, parado en un pedestal detrás del librero. Yo se lo había dado a su predecesor, Rick Perry. Susan dice: «Me reí cuando leí la placa en la base de ese pollo. Decía: "La respuesta a la enfermedad de las vacas locas". Esa fue mi presentación de Bo Pilgrim. Nunca lo olvidaré».

Soy un hombre que me gusta salir con soluciones a los problemas, y tiendo a permanecer enfocado en las soluciones.

La mayoría de la gente está contenta con la manera en que está su vida. Oh, ellos pueden quejarse por algunas cosas, pero nunca están realmente lo suficientemente descontentos como para hacer cualquier cambio. Durante años las estadísticas nos han dicho que solo cerca del uno por ciento de la población alcanza el tope de cualquier cosa, carrera, liderazgo de una compañía, buena figura física, educación, o cualquier otra arena de la vida. Cerca del 4 por ciento alcanzará lo que se llama el «nivel de liderazgo». El resto se estancará en algún lugar más bajo que el liderazgo.

¿Qué hace la diferencia entre el 5 por ciento que logra el éxito elevado y el 95 por ciento que no lo logra? Con mucha frecuencia es esto: el 95 por ciento mantiene sus ojos enfocados en los problemas y los obstáculos. El 5 por ciento mantienen sus ojos enfocados en las soluciones y las metas.

ACEPTE LOS PROBLEMAS UNO A LA VEZ

Algunas veces pueden solucionar dos o más problemas con una solución, pero generalmente hablando, cada problema tiene su propia solución. Eso significa que cada problema necesita ser abordado como una entidad única. Acepte los problemas uno a la vez.

El crecimiento de la mayoría de las compañías, para ese asunto, el crecimiento de cualquier sector de la compañía, puede verse como una secuencia de problemas que fueron resueltos uno a la vez, en el tiempo.

Mucha gente joven parece pensar que la gente que tiene historias como la mía ha hecho algo como un salto dramático desde no tener nada a tener todo. Ellos leen el titular: «Desde una tienda de alimentos a una corporación de 5 billones de dólares», y piensan que el camino es fácil, con mucho tiempo para las actividades de ocio y placer personal.

No conozco ninguna persona exitosa hoy día que haya construido una compañía desde la nada y lo haya hecho rápida o fácilmente.

Cada día durante décadas ha estado lleno de pequeños problemas, algunos de ellos ligeramente menos pequeños que otros, algunos de ellos más complicados para resolver que otros, algunos de ellos más persistentes que otros.

La construcción de algo grande nunca es fácil.

La construcción de algo excelente nunca es una conclusión de antemano, aun con el mejor esfuerzo.

Siempre hay algo que se puede romper, alguna persona que se puede desanimar, alguna política de fondo que parece estar sucediendo, algún proceso que no responde a su teoría, algún cliente que toma una decisión totalmente más allá de su habilidad de controlarla, y muy posiblemente alguien a quien no le guste o que esté celoso de usted, aun cuando intente ser tan amable y generoso como sea posible.

Simplemente así es como es la vida y los negocios.

Nadie gana todo el tiempo.

¡Lo que es importante al final es que usted no pierda todo el tiempo! Y lo que es aún más importante es que sepa en lo profundo que sus motivos han sido buenos, que su carácter permanece intacto y que su confianza en el Señor es fuerte. Dios puede cambiar cosas que ninguna persona puede cambiar. Él tiene maneras y medios que son más grandes y más grandiosos que lo que cualquier persona puede concebir.

El proceso político está casi siempre involucrado hasta algún punto cuando una persona está resolviendo problemas. Algunas veces el proceso político *es* el problema. Yo nunca he llevado lentes color rosa cuando se trata de entender las políticas del pueblo pequeño. La política en los pueblos pequeños puede ser intensa, tan volátil como la política en grandes ciudades y a niveles más altos de gobierno.

Cuando propusimos la expansión de nuestra instalación estandarte de procesamiento avícola en Mount Pleasant, la oposición contra la idea fue expresada casi de inmediato. El dueño de una tienda de muebles y un antiguo alcalde organizaron el Northeast Texans for a Better Tomorrow. Este hombre afirmó estar totalmente a favor del «negocio avícola local», es decir, nosotros, pero que se oponía a nuestros planes de duplicar la instalación ya en el lugar.

El alcalde de Mount Pleasant, Hill Chambers, trató de juntar ambos lados, y yo estuve más que feliz de sentarme en una mesa para discutir lo que queríamos hacer y por qué. Ciertamente estuve motivado por un deseo de expandir el negocio y de ser una fuerza para el bien de Mount Pleasant, no una fuerza del mal. Al final, el hombre que se oponía también la tomó con el alcalde y le hizo oposición en la próxima elección.

En ese punto más que avivar a una comunidad para pelear más, yo retiré nuestros planes. Nos volvimos a un plan diferente, uno que sentíamos que era un mejor plan.

Si una cosa no da resultados como usted espera, esa no es una señal para abandonar. Es una señal para salir con algo mejor.

Permanecer enfocado en conseguir y mantener clientes

Los pollos realmente no propulsan nuestro negocio hacia el futuro. Nuestros clientes nos propulsan hacia delante. Ellos nos expresan las ideas y necesidades que generan nuevos productos. Ellos nos dan las órdenes que hacen crecer nuestro negocio y causan que nos expandamos en varias áreas. El cuidado del cliente es vital, y un interés atenido por los clientes necesita fluir desde la misma cima de una organización.

A través de los años, mucha gente en el mundo de los negocios se han sorprendido de que eligiéramos una declaración de la Biblia como nuestro principio guía: «Así que, todas las cosas que queráis que los hombres hagan con vosotros, así también haced vosotros con ellos» (Mateo 7.12). Esta declaración está en el corazón del servicio al cliente. Creemos fuertemente que nuestro trabajo es proveer satisfacción notable al cliente todos los días.

No tenemos un solo cliente, por supuesto. Tenemos al comprador de la tienda que busca una comida nutritiva que pueda llevar a casa, calentar y comer en el espacio de veinte a veinticinco minutos. Tenemos el comprador de la tienda de alimentos que realmente cocina, que quiere carnes y huevos de alta calidad.

También tenemos el comprador de la tienda de alimentos que quiere el mejor producto por el precio más bajo, el agente recibidor que necesita la entrega a tiempo, y el gerente de mercado de carne que quiere paquetes arreglados y limpios para mostrar.

Tenemos que satisfacer una amplia variedad de gente, con diferentes necesidades, en un día determinado.

Persiga las cuentas que quiere, ¡con persistencia!

Vale la pena perseguir cada cuenta y, una vez ganada, vale la pena mantenerla. Yo trabajé duro hace años para obtener algunas de las cuentas que todavía hoy tenemos. Fui persistente en perseguir los clientes que yo quería.

Sonny Williams, el presidente y jefe oficial de operación de Minyard Food Stores, Inc., recientemente le dijo a un amigo mutuo cómo me conoció por primera vez hace treinta años. Él dijo: «Bo solo apareció en el lobby de nuestras oficinas corporativas en Minyard Food Stores, Inc., en Dallas y pidió conocerme. Él fue educado, pero persistente. Él apareció vestido con un sólido traje blanco y un sombrero, sin una cita, queriendo sentarse conmigo y pedir Minyard Food Stores para nuestro negocio de pollos. Para el momento, nuestra cadena de tiendas estaba vendiendo otra marca y no estaba ofreciendo Pilgrim's Pride. Yo escuché la propuesta de Bo, le dije que estábamos felices con la compañía con la que estábamos haciendo negocios actualmente, pero yo le dije que pensaría en su propuesta y lo llamaría. Bo me dio las gracias por escuchar y dejó la reunión.

Dos semanas después recibí inesperadamente otra llamada desde nuestra recepcionista del lobby diciendo que Bo Pilgrim estaba de vuelta, sin una cita, pidiendo hablar conmigo. Otra vez, él estaba usando su sólido traje blanco y su sombrero. Bo me preguntó por nuestros negocios de pollos, y de nuevo, él revisó todas las razones por las que sería una buena movida de mi parte cambiar a Pilgrim's Pride. Él no renunciaría. Él creía en su producto. Él no tenía miedo de pedir la orden. Eso fue hace treinta años, y hemos estado juntos en el negocio desde entonces».

Crea en su producto. Si no lo hace, nadie que trabaje para usted lo hará.

No tenga miedo de pedir a una persona por su negocio. Si está vendiendo un producto con alta calidad a un buen precio, le está haciendo un favor porque su producto va a complacer a sus clientes.

Una vez que tenga la orden de una persona, haga lo que pueda para ayudar a esa persona a revender lo que le vende.

Ciertamente yo hice eso con Minyard Food Stores. Durante once años, Minyard patrocinó un show de comida para el cliente de fin de semana de tres días en el Dallas Market Hall. Se llamaba el festival Minyard Food Fest, y usualmente cerca de 60.000 personas asistían. Había más de 300 cabinas para expositores, demostraciones de cocina diarias, y conciertos musicales por artistas renombrados. El Minyard Food Fest se convirtió en algo de tradición cada otoño en el Dallas-Forth Worth metroplex. Cada año, Pilgrim's Pride ha tenido una cabina en el show, ha ofrecido muestras gratis, y ha regalado recetas de cocina y cupones a los asistentes. Durante muchos años caminé por los pasillos de ese show, vestido con mi patentado sombrero de hebilla de Pilgrim y con Henrietta, el pollo, bajo mi brazo. La gente parecía disfrutar conseguir un autógrafo y tener su fotografía conmigo.

Sonny me dijo una vez que él pensaba que era inusual que el ejecutivo de una compañía multimillonaria en dólares estuviera caminando para arriba y para abajo por los pasillos de su show de comida, promoviendo tanto Pilgrim's Pride como Minyard Food Stores. Yo lo vi de manera diferente. Esta era una oportunidad para mí de devolver un poquito a Minyard por haber confiado en nosotros en los primeros años. Eso es lo que hacen los amigos corporativos.

Dar al cliente lo que el cliente quiere

Nuestros clientes nos dicen qué hacer. ¿Cómo? Ellos nos dicen lo que ellos quieren, no sólo los productos que ellos desean sino la cantidad que están dispuestos a pagar por ellos. Si escuchamos a nuestros clientes de cerca y precisamente, nosotros sabemos qué hacer con los pollos que llegan a nuestras plantas procesadoras. La gente de ventas por lo general no dice lo que los clientes quieren. Los socios de investigación y desarrollo entonces aceptan las especificaciones técnicas relacionadas con la creación de ese producto. Los expertos de operaciones entran para manejar los asuntos de manufactura. Juntos, estos departamentos seleccionan el equipo que hace el mejor trabajo de exceder las expectativas del cliente mientras aun es efectivo para el costo.

Déjeme darle solo un par de ejemplos acerca de cómo respondimos a los deseos de nuestros clientes.

Los clientes de la tienda de alimentos nos dijeron que ellos querían empaques sellados 100 por ciento a prueba de goteras. Ellos querían el producto fresco y publicitado a un precio. (La tienda de alimentos y los gerentes de mercado de carnes querían las mismas cosas, por razones ligeramente diferentes.)

Los gerentes de las tiendas de alimentos también nos dijeron que ellos querían toda una línea de productos listos, con categorías de datos de gerencia que les ayudara a mejorar su eficiencia y su efectividad por costo al comprar pollo.

Dirigimos estos intereses con una línea «un peso, un precio» de «Net Weight Case Ready Chicken». La persona que compra en el mostrador de carne podría no haber estado consciente de esta nueva línea cuando fue introducida, ¡pero los gerentes de la tienda sí! Al satisfacer los deseos de nuestros clientes, mantuvimos a nuestros clientes y agregamos a otros nuevos.

Dependemos de nuestros clientes para que nos den información valiosa acerca de las tendencias de la comida que nos ayude a permanecer en el filo de nuestro negocio.

Comunicación del cliente multinivel

Nunca hemos buscado simples clientes; hemos buscado socios clientes, la gente con quien nosotros podríamos tener una relación de doble vía. En muchos negocios, la gente de ventas conoce a los compradores. Buscamos tener relaciones y comunicaciones multifuncionales fuertes y de multinivel con todas nuestras cuentas clave. En otras palabras, nuestro personal de despacho conoce el personal de recepción en el otro extremo. Nuestro equipo de alta gerencia, el equipo R & D, y la garantía de calidad, procesamiento, mercadeo, y hasta el personal de cuentas están activamente involucrados con sus contrapartes en nuestros negocios de clientes. Los gerentes de venta actúan más como facilitadores, ayudándonos a establecer un equipo para coordinar nuestros esfuerzos para una relación más productiva. No limitamos nuestro entendimiento de productividad al procesamiento y distribución de artículos que terminan en restaurantes y en repisas de alimentos. Vemos la productividad en términos de gente porque la gente a todos los niveles de nuestras cuentas de clientes nos da la retroalimentación que necesitamos para permanecer como líderes en nuestra industria.

Aprender a manejar muy bien el tiempo

La única cosa sobre la cual tiene control total como ejecutivo es el manejo de su tiempo. No deje que cualquiera lo fuerce a seguir su itinerario. Tome control de su horario y maneje su tiempo para lograr sus metas y su agenda.

Una de las decisiones clave que tomé en mi vida cuando se trató del manejo del tiempo fue una decisión acerca de si iba a quedarme en el tope de todos los aspectos de nuestra corporación, hasta en aquellos en sitios distantes, y si era así, cómo iba a manejar mi tiempo de viaje.

Tomé la decisión primero que yo iba a permanecer muy activo en reunirme con los gerentes de las plantas en Estados Unidos, México y Puerto Rico. Decidí que iba a permanecer en contacto cara a cara con los clientes así como con los políticos clave, lobbistas, y otros que estuvieran buscando lo mejor para la industria avícola. Yo decidí que iba a quedarme en contacto cercano con el público a través de discursos públicos importantes y eventos de aparición pública.

A medida que crecíamos, la única manera en que pude manejar efectivamente mi tiempo y seguir con estas decisiones fue tomar el aire, literalmente.

Durante años, había conducido mi automóvil cientos de miles de millas en negocios de la compañía, no sólo las aventuras de las adquisiciones y de la publicidad, sino también en la gerencia de nuestras varias empresas. Cada vez más me sentí atascado y limitado por las horas que tomaba llegar desde Texas del este a otros lugares, el tiempo y el esfuerzo involucrados en el viaje en automóvil eran extenuantes.

Cambié al aire en 1984. Nuestro primer jet de dos motores, un Beechcraft Super King Air 300, todavía está en uso hoy. Este avión nos permitió viajar hasta por seis horas sin parar. Caben diez y vuela a 365 millas por hora. Con el avión yo podía hacer un viaje a Dallas o DeQueen en veinte minutos en vez de las dos horas que estos viajes me tomaban en carro. Podía llegar a Lufkin en veinticinco minutos y a Washington D.C. y la Ciudad de México en menos de tres horas. Podíamos llegar a la costa oeste en menos de cinco horas. El avión nos permitía «encoger» el área geográfica en la que yo podía tener influencia personal.

En nuestro primer avión, coloqué una Biblia en la cual escribí con gran sinceridad: «Jesús, gracias por el avión». Ahora tenemos tres aviones y cada uno de ellos tiene una Biblia en él. Cada uno tiene una inscripción similar.

El viaje más rápido a New York City que hemos hecho alguna vez, con un viento de cola considerable, fue en nuestro 508 BP, el cual compramos en el 2000. Viajamos a una velocidad promedio de más de 700 millas por hora, la velocidad típica es de 525 millas por hora. ¡Fue un paseo increíble! Nuestro tercer avión es un 528 BP, que compramos en 2003.

Tenemos siete pilotos y un hangar extra para mantenimiento. En nuestro departamento de transporte, el departamento de aviones es un departamento en sí mismo. No sólo ahorramos tiempo considerable, sino que soy capaz de participar en eventos y reuniones en las cuales no podría participar de otra forma. Es una de las inversiones más sabias que hemos hecho.

Nunca sustituya la calidad

Tengo una filosofía muy simple cuando se trata de calidad. Lo *mejor* es lo que más quiero.

Un amigo mío de mucho tiempo, Johnny Smith, me recordó recientemente algo que le decía con frecuencia cuando éramos mucho más jóvenes. En esos días la gente con frecuencia negociaban sus carros cada uno o dos años, si podían pagarlo, y Johnny siempre estaba en la búsqueda de una oferta. Él usualmente compraba lindos carros de segunda mano. Usualmente trataba de comprar un carro nuevo. Johnny me dijo: «Bo, recuerdo como siempre solías decirme: "Smith, siempre hace falta un níquel más para ir en primera clase". Creo que tenías razón».

Partir desde cero a un producto de trabajo... ir de malo a bueno... salir del rojo y entrar al negro... ese es el trabajo difícil. Ir de bueno a excelente exige apenas un poquito más.

A lo largo de mi vida, he creído que hace falta un poquito más para tener lo mejor, hacer lo mejor, y producir lo mejor. Partir desde cero a un producto de trabajo... ir de malo a bueno... salir del rojo y entrar al negro... ese es el trabajo difícil. Ir de bueno a excelente exige apenas un poquito más.

¿Pero un poquito más de qué?

Ingredientes un poco más finos

En anticipación al Día de Acción de Gracias colocamos un anuncio para nuestros pavos Pilgrim's Pride. Colocamos en el envoltorio nuestro compromiso de ir un paso extra: «Con mantequilla real». Rociamos nuestros pavos con mantequilla real para que cada mordida del ave, carne oscura y carne blanca, fuera tierna y deliciosa. Colocamos un temporizador para hacer la preparación del pavo fácil. Y le prometí al cliente lo siguiente: «Si este no es el mejor pavo de Acción de Gracias que alguna vez haya servido a su familia, le devolveré el dinero». Hasta donde sé, nunca tuvimos una petición de reembolso. La gente quería el ingrediente más fino y estaban dispuestos a pagar un poco más por él.

Un poco más de cuidado tierno

Cuando tenga algo de calidad, cuídelo. Valórelo. Tenga cuidado de a quien le confía su uso y mantenimiento.

Cuando me reclutaron para el servicio militar, mis amigos me hicieron una gran fiesta de despedida. Cada uno de los muchachos allí estaban esperando que les dejara al cuidado de mi pontiac azul en dos tonos mientras yo estaba lejos. Yo había comprado el carro nuevo, y era una belleza. Ellos estaban realmente decepcionados cuando dejé mi carro al cuidado de mi tía Eva. Yo no era estúpido. ¡Sabía que mi tía Eva cuidaría bien ese carro y todavía valdría la pena conducirlo cuando yo volviera a casa!

Lo último en tecnología

No creo en tener lo último en tecnología solo por el hecho de decir que lo tenemos. Sí creo en tener lo último en tecnología si eso nos ayuda a hacer un trabajo mejor, más rápido, más eficientemente, y con menos mantenimiento.

¿Robots? Sí. Utilizamos la robótica en varias fases de nuestra operación, incluyendo porcionadores de agua robóticos y artefactos de control de clima en las casas de pollos.

¿Computadores? Absolutamente. Utilizamos técnicas de imágenes computarizadas para determinar el uso más eficiente para una pieza de carne, y para cortarla de manera precisa utilizando jets de agua de alta velocidad.

¿Lo último en equipo? Continuamente. Siempre estamos en la búsqueda de los hornos más modernos, las freidoras más sofisticadas, y del equipo de incubación más avanzado. Utilizamos nuevos equipos de rayos x para analizar la carne deshuesada.

Estábamos en el filo cuando se trató del escaneo de códigos de barra, de los sistemas de manejo y pesos, y de sistemas de información corporativos. Evaluamos continuamente nuevo equipo de empacado al detal, tal como analizamos continuamente la selección de la cría.

Monitoreo continuo para calidad

Tenemos un departamento de garantía de calidad notable con altos científicos y técnicos que estudian y prueban todo desde las fórmulas de alimento a las técnicas de producción viva hasta los nuevos procesos y productos de las plantas. Nuestros técnicos de garantía de calidad dirigen más de cincuenta mil pruebas nutricionales y microbiológicas al año para asegurar alta calidad del producto y la más grande eficiencia operativa.

Su nombre sobre el producto refleja su compromiso con la calidad

¿Tiene un producto, una compañía, o un negocio de servicios?
¿Piensa en él lo suficiente como para darle su nombre?
Yo lo hago.

Mi nombre es Pilgrim, y mi compañía es Pilgrim's Pride. Estoy dispuesto a firmar mi nombre en cada producto avícola que producimos. Me imagino que si no puedo firmar mi nombre en lo que produzco y en lo que lleva mi nombre, entonces como corporación no estamos produciendo la calidad que quiero.

Simplemente no hay sustituto para la calidad. Mi firma es mi garantía de calidad. La calidad tiene que ir en un producto antes de que mi nombre vaya en ese producto.

Uno de nuestros lemas para quedarse frío ha sido este:

La diferencia extraordinaria en la vida
es elegir no ser del promedio.

Durante los años, hemos ganado incontables premios a la «mejor calidad» de los clientes más importantes por todos los Estados Unidos. Simplemente no hay sustituto para la calidad. Rutinariamente recibimos premios que tienen estas palabras o frases en ellos:

- Preferido
- N° 1
- Excelente
- Socios
- Líder
- Calidad
- Los mejores 10

Estas palabras y frases describen lo que significa una compañía de alimentos de clase mundial.

Pilgrim's Pride fue nombrada una de las compañías «Más admiradas en Estados Unidos» por la revista Fortune en 2003, 2004 y 2005. Darden Restaurants, la empresa más grande de restaurantes informales del mundo, nos dio su premio Distinguished Supplier Award en 2005 y Wendy nos nombró su proveedor Quality Supplier of the Year en 2003. Estos son sólo algunos de los muchos premios que hemos recibido durante años.

¡Estoy orgulloso de estas afirmaciones acerca de nuestra corporación!

Saber cuándo cambiar, y cuándo permanecer fijos

Algunas veces la gente me pide consejo acerca de cómo tomar decisiones concernientes a si quedarse firmes en la dirección en la que están creciendo o realizar cambios. Yo les hago dos conjuntos de preguntas:

1. *¿Está teniendo un impacto positivo?* ¿Está viendo resultados? ¿Está viendo señales de crecimiento y productividad?

2. *¿Está cosechando buenos frutos?* En otras palabras, ¿su producto es bueno? ¿Los valores de su compañía son buenos? ¿Estás haciendo un buen trabajo? ¿Le está dando al mundo un producto que es verdaderamente beneficioso o útil? ¿Está ayudando al cambio del mercado o al mundo para mejorar? ¿Está asociada su reputación con la excelencia y la integridad?

Si ambas respuestas son sí, entonces continúe haciendo lo que está haciendo. Apéguese a lo que está dando resultados y haga más de eso.

Si un área de su negocio no está mostrando señales de crecimiento y productividad después de sus mejores esfuerzos, recórtela.

Si hay un área de su negocio que no refleja excelencia, una deficiencia en su producto o procesos o reputación, corríjalo.

Si se trata de retirarse, no creo en eso.

No tengo intenciones de retirarme. Me levanto cada mañana cerca de las cinco de la mañana y trato de salir de la cama justo antes de que la alarma suene para poder apagarla antes de que moleste el sueño de Patty. Tomo café y le doy una mirada rápida a las noticias de la mañana. Luego preparo mi propio desayuno de dos huevos, una porción de salchicha de pavo, una pieza de pan y jugo de naranja para tomar. Y entonces el día se despliega en cualquiera de las mil maneras. Nunca sé completamente lo que traerá cada día, pero siempre estoy ansioso de descubrir lo que Dios tiene en mi itinerario y agenda.

Cada uno según el don que ha recibido, minístrelo a otros,
como buenos administradores de la multiforme gracia de Dios.
(1 Pedro 4.10)

15

Vea la compañía como el regalo de Dios para usted

Mientras más envejezco y más experiencias tengo, más agradecido estoy por cada cosa buena de mi vida, cada amigo y ser querido, y cada experiencia que he tenido, esas que parecían buenas en el momento y esas que parecían malas. Tengo una conciencia creciente de que todas las cosas buenas vienen de Dios, y de que nada de lo que logramos alguna vez en esta vida es algo que *nosotros* logramos. En su lugar, Dios nos capacita para lograr y nos permite lograr todo. Finalmente para Sus propósitos y para Su gloria.

Hemos llamado a nuestra compañía Pilgrim's *Pride* para indicar que estamos complacidos con la alta calidad de nuestros productos y orgullosos de estar al servicio de otros. Al final, nuestra meta es que Dios nos mire con orgullo, y nos vea como pueblo que ha reflejado a Su Hijo al mundo de una manera que es pura, consistente, fiel y efectiva.

Dones tremendos

Existen varias cosas que creo que la mayoría de nosotros creemos seguras, cosas por las cuales deberíamos estar muy agradecidos todos los días. Se nos han dado tremendos regalos. Necesitamos verlos así y recordar decir «gracias» al Creador que nos los dio. Existen por lo menos siete categorías distintivas de los regalos sobre los cuales pongo una importancia muy alta:

1. Dones laborales

Es un privilegio ser capaces de contribuir con algo al mundo, utilizar nuestro tiempo, talento y energía para trabajar en nombre de otros.

Las tareas de nuestro trabajo no son para nada importantes. Las personas para quienes y con quienes trabajamos son importantes más allá de todo cálculo. Somos especialmente bendecidos si tenemos un trabajo que hacer que amamos.

Cada persona consciente a quien le quede alguna facultad mental es capaz de hacer *alguna* forma de trabajo, determinar metas, completar tareas, y ejercitar sus otros talentos y habilidades para producir algo que tenga el potencial de ayudar a otros.

Nuestro trabajo puede ser físico o mental o ambos. Este puede ser como empleados o como voluntarios. Este puede ser en el hogar para la familia, en la comunidad, en el lugar de negocios, y en servicio electo o militar.

Con los dones asociados con el trabajo y la labor inevitablemente viene el regalo de enfrentar un reto y conquistarlo. Podemos mejorar. Podemos superar. Podemos hacer cambios en nuestro mundo. Los medios son el trabajo, asumiendo un problema y poniendo nuestros hombros en la piedra de moler, literalmente o de manera figurada, para cambiar ese problema en algo que tome la naturaleza de una bendición.

Hasta donde me interesa, no hay razón para que una persona *no* trabaje, y trabaje tan diligentemente, consistentemente y tan duro como sea posible. Fuimos hechos para producir. Desde los capítulos de apertura de la Biblia, veo que se nos dio una orden de «Fructificad y multiplicaos; llenad la tierra, y sojuzgadla, y señoread en los peces del mar, en las aves de los cielos, y en todas las bestias que se mueven sobre la tierra» (Génesis 1.28). ¡Eso es trabajo!

Creo que necesitamos animar a la gente a trabajar y, en algunos casos, a exigir que la gente trabaje. El trabajo es para el beneficio del trabajador, psicológicamente y materialmente. Cada trabajador necesita ser recompensado de acuerdo al trabajo que hace, no solo en términos de dinero y beneficios materiales, sino en términos de apreciación, reconocimiento y aplausos.

2. Dones de recursos internos y externos

Toda persona tiene recursos internos y externos, en alguna medida. A cada uno de nosotros se nos ha dado una medida de fe. Cada uno de nosotros tiene ciertos dones innatos, talentos y habilidades. Toda persona tiene algún control sobre una cantidad de bienes materiales, incluyendo dinero. Podemos no tener mucho, o podemos tener gran cantidad, en cualquiera de estas categorías. Lo que sea que tengamos, estamos llamados a ser buenos administradores de eso y a usarlo sabiamente para proveer para nuestras familias y para nuestras necesidades personales, y para ayudar a proveer para aquellos alrededor de nosotros que puede haber caído en tiempos difíciles.

3. Dones de la mente y el corazón

Tenemos alguna capacidad de aprender, de recordar, y de dar voz a las ideas y opiniones. Tenemos la habilidad de hacer sugerencias y de expresar aprecio y gratitud.

Tenemos el tremendo privilegio en nuestro mundo de hoy de ser capaces de leer e intercambiar ideas libremente, no solo en libros y literatura, sino en muchas formas de medios interactivos. Tenemos el privilegio de aprender tanto como queramos aprender, acerca de cualquier tema que queramos explorar. Ninguna otra generación ha tenido tal privilegio.

Sin importar cuan inteligente sea o cuanto sepa, todavía puede saber más. Siempre hay algo beneficioso y edificante que aprender.

Además de la habilidad de aprender, tenemos la habilidad de expresar lo que hemos aprendido, de razonar nuestro camino a conclusiones lógicas, a salir con soluciones trabajables, a formular preguntas que provoquen investigaciones y estudios, para superar problemas difíciles, y a tomar decisiones sabias.

Lo que es cierto para la mente también es cierto para el corazón. Tenemos la capacidad de sentir y de crear empatía con otros. Tenemos la habilidad de expresar simpatía y compasión. Tenemos la habilidad de reír, compartir la alegría, y brindar ánimo tierno a la gente que puede estar herida.

Incontables personas solas y sufrientes en el mundo anhelan recibir un toque de cuidado. Tenemos algún grado de habilidad para alcanzar y ayudar a estas personas. Este es el máximo regalo del corazón, una expresión de amor, que hace que valga la pena vivir.

4. Dones de lazos familiares y de amistad

Cada uno de nosotros tiene familia, aunque nunca hayamos conocido nuestra familia «de sangre» y aun si los miembros de nuestras familias nos hayan precedido en la muerte. Tenemos una herencia familiar y una línea sanguínea en la cual hemos nacido. Nuestra familia nos da nuestra raza, las disposiciones genéticas y la cultura.

Muchos de nosotros tenemos familias propias, una esposa y niños, incluyendo sobrinas, sobrinas, nietos y hasta ahijados.

Cada uno de nosotros tiene asociados con el potencial de llegar a ser amigos.

Una y otra vez que se entrevista a la gente después de grandes tragedias naturales, habiendo perdido todo lo de una sustancia material, y ellos dirán mientras se pegan a los miembros de sus familias, «Perdimos todo, pero gracias a Dios, nos tenemos el uno al otro. Estamos vivos y estamos juntos».

La presencia de otro ser humano en nuestras vidas, personas a quienes podemos dar amor y de quienes podemos recibir amor, es un regalo más allá de toda medida.

5. Dones de sueños y aspiraciones

Tenemos la habilidad de visionar algo más que pudiéramos querer hacer, ser, poseer, lograr, o establecer en la tierra antes de que muramos. Tenemos la habilidad de vernos a nosotros mismos convirtiéndonos en mejores de lo que somos, y como logrando más de lo que tenemos. Tenemos la habilidad de establecer metas y hacer planes para lograr esas metas. ¡Que tremendo regalo para nosotros es éste! No somos robots. Podemos desear bajo nuestra propia estrella y graficar nuestro propio curso hacia el logro de nuestros sueños.

Este regalo para nosotros de ser capaces de ver lo que actualmente no está se llama «fe» en la Biblia. Es la habilidad de ver a Dios trabajando en nuestro favor y por nuestro beneficio. (Romanos 8.28 y Hebreos 11.1). Podemos usar nuestro regalo de fe para confiar en Dios y para creer por lo mejor de Dios y lo más alto en aquellos que amamos.

En gran parte, a medida que activamos este regalo de ser capaces de soñar y de aspirar cosas más grandes, venimos a estar motivados a usar nuestro regalo de trabajo y recursos al máximo de las ventajas. El regalo de los sueños y aspiraciones es muy cercano a tener esperanza y un fuerte sentido de propósito para nuestras vidas.

6. Dones de libertad

Nosotros en los Estados Unidos de América somos bendecidos con tremendos regalos de libertad. Somos libres para expresar nuestras opiniones, para reunirnos con otras personas en libre asamblea, para leer la prensa libre, y para votar para oficiales electos a aquellos a quienes podemos expresarles libremente nuestros gustos y disgustos acerca de la manera en que se dirige el negocio de nuestra nación. Somos libres de perseguir la religión de nuestra elección. Somos libres de vivir donde queramos vivir.

En Estados Unidos, tenemos la habilidad de perseguir un destino de nuestra elección, al menos hasta cierto grado, con una gran cantidad de libertad. Podemos elegir leer y estudiar lo que queramos leer y estudiar, y perseguir los retos que nos establezcamos. Podemos aspirar a nuevas posiciones y roles. Podemos seguir nuevas carreras.

Ser libres no significa, por supuesto, que nosotros podemos hacer cualquier cosa que queramos hacer. Tus libertades terminan en mi nariz, y viceversa. Pero somos libres para perseguir la vida, la libertad, y el propósito de felicidad. Podemos elegir cuáles clubes y asociaciones son dignos de nuestra membresía. Podemos elegir nuestro lugar de empleo.

7. El don del hoy

Tenemos el presente. No sabemos cuántos días hay en nuestro futuro personal. Pero sí tenemos este momento, esta hora, este día. Podemos hacer que el hoy cuente en una de mil maneras. ¡Qué regalo es el tener un día más para hacer aquello para lo que creemos que hemos sido puestos en la tierra!

Tenemos este día para trabajar, y para usar nuestros recursos internos y externos para hacer una diferencia en este mundo.

Tenemos este día para apreciar y asociarnos con los miembros de la familia y los amigos; para expresar nuestro amor, gratitud y alabanza; y para ofrecer nuestras mejores ideas y nuestras sugerencias más creativas para el beneficio de otros.

Tenemos este día para perseguir nuestros sueños y esperanzas. Tenemos este día para ejercitar nuestra fe y para confiar en Dios por Su más alto y mejor en nuestras vidas.

Tenemos este día para expresar nuestros talentos, dar voz a nuestros creencias, y para dar sonrisas y apretones de manos y abrazos cálidos a aquellos con quienes nos encontramos.

Estos conceptos dan resultados en el lugar de trabajo

«Pero», puede estar diciendo: «¿Qué tienen que ver cualquiera de esas con la creación de un ambiente corporativo?»

Tiene todo que ver. Como ejecutivo o líder en su lugar de negocios, y recuerde que puede ser un líder aunque no tenga un título oficial de supervisor o gerente, tiene una tremenda oportunidad de animar, motivar y darle a otros una oportunidad de usar los regalos que se les ha dado. Déjeme ofrecerle unas pocas sugerencias a lo largo de estas líneas, pasando por las mismas categorías que acabo de usar:

1. *Don de trabajo.* Tiene la oportunidad de animar y de recompensar el trabajo en otras personas, motivarlos con su ejemplo, con sus palabras de ánimo y consejo, y con sus directrices, y a ser diligentes en producir trabajo que sea alto en calidad, eficiente y de buen propósito. Tiene la oportunidad de recompensar los esfuerzos de otros con un «gracias», una sonrisa de ánimo, o una mano puesta en el hombro como para decir: «¡Bien hecho!» Reconozca que el trabajo es un regalo, y elija activar ese regalo en usted mismo y en otros. Cuando los empleados en cualquier organización están altamente motivados a producir trabajo de alta calidad, no hay fin para el crecimiento de esa compañía o para los beneficios que pueden venir para los empleados individuales.

2. *Don de recursos internos y externos.* Tiene oportunidades de usar sus talentos distintivos para expresar su optimismo y esperanza, y para animar a otros a hacer lo mismo. Cada persona anhela a *alguien* que vea que tiene potencial y que lo inspire a desarrollarlo. También tiene la oportunidad de tiempo en tiempo de aparecer al lado de una cama de hospital o en una funeraria para dar un regalo que ayudará a una persona en un momento de necesidad, o prestar sus servicios voluntarios para aquellos menos afortunados. Mientras más da de sus recursos internos y externos, más estarán inspirados los demás a seguir su ejemplo.

Mientras más gente desarrolla sus habilidades individuales y destrezas a los niveles más altos, más puede una compañía lograr, mejor servicio al cliente puede brindar la compañía, y más puede moverse la compañía hacia establecer los estándares para su industria.

3. *Don de la mente y el corazón.* Tiene la oportunidad de dar información y de ayudar a otros a aprender cosas nuevas. Tiene la oportunidad de solicitar ideas y soluciones creativas de parte de aquellos con quienes

trabaja. Tiene la oportunidad de retarlos a salir con enfoques innovadores, de resolver problemas, y de ofrecer sugerencias que puedan ayudarle a usted y a otros a tomar mejores decisiones. Tiene la oportunidad de animar a otros a estudiar y a usar todas sus habilidades mentales.

También tiene la habilidad de expresar su interés por ellos, de modelar ante ellos una persona que se preocupa genuinamente, que es respetuosa, y que defiende la dignidad de cada persona sin importar la raza, el color o su historia. Esté presto a dar una sonrisa y sea rápido para reír o expresar alegría en aprecio por las buenas noticias. Si trabaja en un escenario de oficina, mantenga su puerta y su corazón abiertos a otros a su alrededor. Un ambiente abierto, alegre y dador es un ambiente totalmente agradable en el cual trabajar así como en el cual vivir.

4. *Don de lazos familiares y de amistad.* Toda persona viene al trabajo todos los días desde algún tipo de ambiente familiar, o de una falta de familia. Toda persona tiende a hacer amistades en el trabajo, al menos hasta cierto grado. Espere esto. Muestre su aprecio por las relaciones que aquellos en su esfera de influencia pueden tener. Recuerde reconocer los eventos especiales y los hitos en las vidas familiares de sus compañeros de trabajo. Anime a aquellos bajo su liderazgo a tratar a otros en el sitio de trabajo como miembros extendidos de la familia, para cuidar genuinamente unos de los otros y para ser leales unos a los otros. Esta es la misma esencia de la moral en el lugar de trabajo.

5. *Don de sueños y aspiraciones.* Anime a otros que le miran por el liderazgo a soñar sueños más grandes y a establecer metas más altas, aun a medida que establece el tono compartiendo sueños más grandes y estableciendo metas más altas para usted mismo y para su equipo, en el trabajo y en la comunidad. Incentívense unos a otros a alturas más altas. La compañía que todavía ve el potencial para el crecimiento perseguirá las opciones para crecer.

6. *Don de libertad.* Como líder en su lugar de trabajo, sepa que la eficiencia y la productividad de su operación dependen de alguna estructura,

momentos de comienzo y cese de cambios y recesos, reglas establecidas en un manual del empleado, reglas relacionadas con seguridad y así sucesivamente. Pero tanto como sea posible, aproveche la oportunidad de animar las expresiones libres de las ideas. Cree oportunidades para que la gente le exprese sus ideas, aun las que pueden parecer «fuera de lo común». Cree las oportunidades para compartir la información, no solo acerca de las tareas en su trabajo, sino acerca de la compañía y sus logros, los líderes y sus necesidades, y los retos emergentes y la manera en que intenta enfocarlos.

También tiene la oportunidad de sugerir que algunas de las personas con quienes trabaja pudieran perseguir su propio potencial en nuevas formas, a través de la búsqueda de entrenamiento adicional o más educación formal, asumiendo un nuevo reto, o recibiendo una promoción o transferencia a una nueva posición.

Una organización en la que comunicación e ideas fluyen libremente es una organización creativa, una que es mucho más rápida en adaptarse a las tendencias de cambio y a aprovechar nuevas oportunidades de negocio. Una organización en la cual la gente sea animada a alcanzar su más alto potencial estará mucho más posicionada para alcanzar su potencial más alto.

7. *El don de hoy.* Aun cuando sueñe y establezca metas, permanezca enfocado en las tareas de hoy. Saque lo máximo de cada hora. No tarde en decir «gracias» a alguien, escribir un buen reporte, compartir una idea inspirada u ofrecer una sugerencia operable. Tome la iniciativa para liderar a otros a dar su máximo esfuerzo a las tareas del día, y a hacerlo en maneras positivas.

Estos regalos que pueden sonar filosóficos son en realidad principios extremadamente sanos para crear un ambiente de trabajo altamente positivo, uno que es productivo, alto en moral, que responde bien a los cambios beneficiosos y las innovaciones, que piensa y se mueve hacia delante, y diligente en las tareas. Es un ambiente fascinante; la gente no quiere perder un día de trabajo o una oportunidad de brillar.

Al final, su compañía es un regalo para usted. Me despierto cada mañana entusiastamente consciente de que soy bendecido de tener otro día para ser el líder de Pilgrim's Pride.

Lo que es un don para usted puede hacerlo un regalo para el mundo. También me despierto cada mañana entusiastamente conciente de que tengo la habilidad de expandir la influencia de Pilgrim's Pride, de ofrecer aun más y mejores productos a mis clientes, para servir a mis socios empleados en maneras más grandes y más solidarias, y para dejar atrás algo que verdaderamente sea de valor para el mundo.

Dar y recibir hace que el mundo gire.

Eso también hace que valga la pena vivir.

Toda buena dádiva y todo don perfecto descienden de lo alto, del Padre de las luces, en el cual no hay mudanza, ni sombra de variación.

(SANTIAGO 1.17)

16

Encuentre equilibrio
y satisfacción personal

Hace un tiempo, mi esposa, Patty, y yo fuimos a Pine, Texas, para mostrarle a un viejo amigo, Frank Glover, los alrededores del pequeño pueblo donde crecí. Pine ya no es el pequeño pueblo que era cuando yo estaba creciendo allí en los treinta... pero casi. Frank y yo lo pasamos bien contando los recuerdos acerca de nuestros primeros años. Él ha sido un amigo por más de cuarenta años.

Camino a casa, Frank me dijo: «Bo, si nuestras vidas fueran puestas en cinta y pudiéramos rebobinar la cinta, ¿dónde te gustaría detener la cinta o hacer algunos cambios?» Tuve que pensarlo por algunos segundos, pero luego dije: «Si pudiera comenzar otra vez y saber lo que sé ahora, pienso que sería predicador».

Frank pareció sorprenderse con mi respuesta. Él reflexionó por unos pocos momentos y luego dijo: «Yo creo que tú has sido un ministro para el Señor».

Pensé en ese momento, *Eso espero. Eso es lo más importante para mí.*

Ahora, no me arrepiento de que no soy un predicador o de que mi vida tomara una dirección diferente. Sé que he hecho lo que Dios deseaba que hiciera. Lo que quise decir en mi respuesta a Frank fue esto: en mi opinión, el trabajo de un predicador es el trabajo más grandioso sobre esta tierra.

Me preocupo por producir los pollos, pavos y huevos de mejor calidad que mis socios y yo podamos producir. Me preocupo por que las personas tengan suficiente proteína en sus dietas y por que la América rural siga siendo un lugar vibrante y económicamente viable para que la gente viva y trabaje. Me preocupo por que las personas coman pollo, ¡y más específicamente quiero que ellas coman pollos Pilgrim's Pride!

Pero aun más, me preocupo por lo que le sucede al alma de una persona.

El precio del pollo sube y cae, algunas veces a diario pero ciertamente en ciclos más amplios. La gente come, y luego el siguiente día, ellos comen otra vez. Las decisiones relacionadas con el alma de una persona, sin embargo, son eternas. Predicar el evangelio es trabajo que tiene una dimensión divina.

¿Puede un hombre de negocios ser un predicador? ¡Me gusta pensar que sí!

Una correcta prioridad de compromisos

Mi compromiso con el Señor es la prioridad en mi vida, seguido por mi familia, y luego Pilgrim's Pride. Si usted tiene bien sus prioridades y su carácter está bien, entonces lo único que queda es practicar buenos principios de gerencia, y hacerlo con honestidad e integridad. Debe tener un alto nivel de energía y tratar bien a la gente. Y no hay mucho más que se requiera desde mi perspectiva para tener éxito como persona o en un negocio.

Como indiqué brevemente con anterioridad, el año en que mi padre murió fue el año en que acepté a Jesucristo como mi Salvador personal. El pastor hizo un llamamiento al cierre de su sermón un domingo, y yo no respondí de inmediato. De hecho, ya había llegado a la parte de atrás de la iglesia. Allí en la entrada, realmente me di cuenta de que si quería pasar la eternidad con mi padre, que fue un hombre de Dios y un líder en esa pequeña iglesia bautista en Pine, necesitaba arreglar las cosas con Dios. Dije a los amigos que estaban conmigo: «Voy adelante, y ustedes van adelante también». Ellos caminaron la isla conmigo.

No sé cuántos de esos muchachos realmente querían decir lo que ellos confesaron acerca de Jesucristo ese día, pero sé que yo quise decir lo que dije desde lo profundo de mi corazón. Sabía que había arreglado las cosas con Dios, y fui perdonado de mis pecados. Desde ese día en adelante, tuve una vida de más grandes propósitos, satisfacciones y testigos delante de mí. Fue una coyuntura crítica en mi vida. Fue una decisión de la que nunca me arrepentí ni siquiera por un segundo.

Muy pronto después que tomé esa decisión, yo tomé una segunda decisión. Necesitaba involucrarme en una iglesia, no solo asistir a una. Necesitaba devolverle al Señor no solo de mi dinero y de mi presencia, sino de mi tiempo y mi talento. Aún estoy viviendo esas decisiones.

Los domingos en la mañana me puede encontrar en el cuarto de juntas de Pilgrim's Bank.

Ahora uno puede pensar que ese es un sitio raro para que yo esté, dado que soy tan abierto acerca de mi fe cristiana, mi creencia en la Biblia, y mi preocupación porque la gente mantenga los Diez Mandamientos, uno de los cuales nos manda a respetar el Sabbath, el día santo.

Déjeme agregar rápidamente que me encontrará en el salón de directiva del banco los domingos en la mañana ¡porque ese es el sitio donde se reúne mi clase de escuela dominical!

Hace algunos años la clase preguntó si no había un lugar más cómodo donde ellos se pudieran reunir; por cómodo ellos querían decir un lugar con sillas cómodas, una mesa sobre la cual colocar sus Biblias y tomar notas, y suficiente espacio para estirarse un poco. Fue sugerencia de la clase que nos reuniéramos en el banco, que está justo frente a la iglesia. Me encantó complacerlos. No solo era Pilgrim's Bank, sino que yo soy el maestro de la clase.

He estado enseñando en la escuela dominical durante más de cincuenta años.

Enseño cada domingo que estoy en Pittsburg, y dado que yo hago el punto de estar en Pittsburg los domingos, son la mayoría de los domingos del año.

Mi familia no puede ser reemplazada

Solo segundo después de mi decisión de seguir a Cristo Jesús estaba mi decisión de casarme con Patty Redding, quien ha sido mi esposa ahora por más de cuarenta y cinco años.

Después que vine a casa del servicio militar, comencé a pensar seriamente acerca de casarme. Comencé a orar para que Dios me diera una esposa pura y de Dios.

Al mismo tiempo, tenía una conciencia creciente de que necesitaba cambiar ciertos aspectos de mi vida si iba a estar en posición de merecer y ganar el corazón de una mujer joven pura, así que me propuse a realizar esos cambios. Dejé de hacer algunas cosas, comencé a hacer otras, y de manera general comencé a prepararme mental y emocionalmente para lo que sería ser un esposo. No mucho tiempo después que hice estos cambios, conocí a Patty. No tenía dudas, todavía no tengo dudas, de que me la envió Dios. Ella fue la respuesta a una oración.

Patty y yo tenemos dos hijos y una hija, y seis nietos. Ellos son una tremenda bendición para mí.

Probablemente como la mayoría de los padres, estoy muy orgulloso de mis hijos. Mis dos niños, Ken y Pat, están involucrados con la compañía. Ambos hijos están en posiciones que están equipadas para sus temperamentos y talentos. Estoy orgulloso del trabajo que ellos hacen.

Mi bella hija, Greta, vive en Dallas con su familia. Es una alegría estar a su alrededor, y hay muchos días en los que desearía que viviera en Pittsburg para que pudiéramos verla más a ella y a sus niños. Greta también es parte de la compañia.

Conocí a mi esposa, Patty, en la boda de un amigo. Ella era la dama de compañía, y yo era el que atendía a los invitados. No me tomó mucho tiempo concluir que la próxima boda en la que quería verla era la nuestra, con ella como la novia y yo como el novio. Patty tiene diez años menos que yo así que cuando fui por primera vez a visitar a Patty y a conocer a sus padres, ellos no estaban particularmente encantados de verme aparecer. Patty era apenas una adolescente y allí estaba yo, un «viejo» en los últimos años de mis veintes luchando por un negocio. Sin embargo, pienso que ellos vieron que yo tenía cierto potencial para darle a Patty una buena vida, y ellos ciertamente han debido ver que yo estaba loco por su hija. ¿Quién no lo estaría? Patty era y es una de las mujeres más bellas que he conocido. Ella es también una de las mujeres más dulces y amables sobre la tierra.

Estoy agradecido por su dulzura y amabilidad porque cuando se trata de la vida en casa, ella es mi jefe.

No hace mucho tiempo estaba hablando con una mujer que nos ayuda en la casa, y le mencioné que Patty y yo habíamos estado viviendo juntos durante 49 años ahora. Ella preguntó si yo tenía algún secreto para un matrimonio tan largo y bueno, y yo dije: «Bueno, cuando no estamos de acuerdo, yo digo lo mío y ella dice lo suyo y luego ella dice: "Y tú sabes donde está la puerta del frente"... y yo cedo».

El ama de llaves y yo compartimos una buena risa con eso, pero hay una gran verdad en ese pequeño intercambio y no tiene nada que ver con quien logra ganar en un matrimonio. En cualquier relación, en el trabajo, en la casa, en la comunidad, hay algo más importante que ganar una discusión. Es mantenerse en relación.

Patty también es quien me mantiene asentado. Con toda la charla de orgullo asociada con el nombre Pilgrim, ¡es bueno tener a alguien que te mantenga humilde!

He tenido mucha atención en mi vida, mucha atención extravagante y de alto perfil. Mi silueta de perfil de camafeo está sobre muchas cosas, cada camión en nuestra flota, nuestro edificio de oficinas, molinos, y plantas. La silueta perfil está también en las tarjetas de crédito y de débito nuevas del banco. Hay un gran busto de mi cabeza fuera de la planta de procesamiento de Mount Pleasant.

Mi esposa, Patty, no tiene mucho de ese asunto de perfil alto. Ella es quien mantiene mis pies sobre la tierra.

Me gusta conocer gente así por lo que disfruto las fiestas en la mansión del gobernador o las cenas con varias personas que se consideran famosas. Yo las veo como personas y a mí me gusta conocer a las personas. Después de todo, cada uno de ellos es un potencial consumidor de pollo. Pero cuando se trata de fama, la única razón real para que yo sea famoso personalmente es hacer a Pilgrim's Pride famosa. Es un asunto de publicidad.

Hay muchos lugares en los que no necesito estar al frente, y no lo estoy. Cuando estoy en la iglesia el domingo, estoy en el fondo. Ese no es el lugar para hacer publicidad o para estar en el escenario. Ese es el momento de sentarme en una banca con mi esposa, Patty, a mi lado.

En el trabajo necesito estar a cargo. En los comerciales y oportunidades promocionales necesito pavonearme y cacarear. Una vez que me quito mi ropa de Pilgrim y bajo a Henrietta, estoy contento de sentarme discretamente entre el rebaño.

UNA DESCRIPCIÓN PERSONAL DEL TRABAJO ENRAIZADO EN EL SERVICIO A DIOS

Como todas las corporaciones, Pilgrim's Pride Corporation tiene descripciones de trabajos y títulos de empleo. Mi título oficial es cofundador y presidente. Más allá de mi descripción corporativa, sin embargo, yo tengo una descripción de trabajo personal que no está ligada a Pilgrim's Pride. Está vinculada con la manera en que me veo a mí mismo en relación con mi jefe máximo, Jesucristo.

Hace varios años me retaron a que escribiera una descripción personal del trabajo para la manera en que veía mi papel y propósito como siervo de Dios en la tierra. Yo la reviso y la actualizo periódicamente. He encontrado extremadamente beneficioso para mí hacer esto y también hacer una lista de actividades específicas (diariamente, semanalmente, mensualmente) y áreas relacionadas con la descripción del trabajo.

He aquí la descripción del trabajo que he tratado de cumplir durante algún tiempo. La actualizo y la firmo de nuevo al comienzo de cada año.

Título: Siervo, Bo Pilgrim
Fecha: 5 de enero de 2005
Se reporta a: Dios a través de Jesucristo

Propósito: Servir a Dios a través de la alabanza, el compañerismo, el discipulado, el ministerio y las misiones evangelísticas en su iglesia dirigido por su propósito, que fue planeado antes de que naciera.

Soy miembro de la Primera Iglesia Bautista de Pittsburg, Texas. Considero mi más grande honor ser un administrador del Señor. El Señor es dueño de todo sobre esta tierra. Cuando yo doy, sólo estoy dando lo que ya le pertenece a Él.

Actividades: Bajo este encabezado, yo hice una lista de dieciséis cosas que se relacionan con mi vida devocional personal y mi trabajo en mi iglesia local, cosas como asistir a la iglesia regularmente, leer mi Biblia a diario, y mantenerme alerta para encontrarme con Jesús en cualquier momento.

Áreas de impacto clave: Enumeré estas cinco áreas que creo que están directamente relacionadas con una persona con mi descripción: adoración (exaltar a Jesucristo), compañerismo con la iglesia como la familia de Dios, discipulado, enseñar a otros a glorificar a Dios en todas las cosas, ministerio de servir a otros, y misiones/evangelismo para ayudar a las personas a encontrar la salvación en Jesucristo.

En muchas compañías, las áreas de impacto clave se analizan de acuerdo al porcentaje del tiempo de una persona y al porcentaje de importancia. He aquí cómo separé estas áreas de impacto:

	Porcentaje de distribución de importancia	Porcentaje de distribución de tiempo
Adoración	20%	24%
Compañerismo	15%	22%
Discipulado	25%	20%
Ministerio	15%	14%
Misiones/evangelismo	25%	20%

Además, escribí varias declaraciones en cada una de estas áreas que son buenos recordatorios para mí de la perspectiva y los rasgos de carácter que quiero representar, y las cosas que quiero hacer para involucrarme en estas actividades.

Normas de impacto clave: Escribí formas específicas de medir mi éxito en realizar mi trabajo en las cinco áreas que he identificado. Por ejemplo, bajo «misiones/evangelismo» coloqué «Número de folletos Buenas Nuevas que regalo cada semana».

Estrategia: Finalmente escribí una declaración de la estrategia general para implementar esta descripción de trabajo, tomando en consideración las áreas e impacto clave y todo lo que había escrito relacionado con ellas y con los estándares para medir mi progreso. Esta declaración de estrategia tenía poco menos de treinta palabras.

Este es uno de los ejercicios más beneficiosos que he hecho en lo personal. Le recomiendo altamente el proceso. En realidad puede ayudarle a aclarar su propósito sobre esta tierra, no sólo la descripción de su trabajo en una compañía.

Quienes somos como personas, ahora y siempre, es de suma importancia. Las cosas que logramos ayudan a hacernos quienes somos, pero más importante, quienes somos en el alcance más amplio de tiempo y eternidad afecta grandemente las cosas que logramos.

Regalar mi librito negro

Puede haber notado que cuando se trata de la manera en que veo mi trabajo en misiones y evangelismo, coloqué el «Número de folletos Buenas Nuevas que regalo cada semana». En realidad llamo a este folleto mi «librito negro».

Mi cirugía y ataque al corazón hace más de veinte años me impulsó a hacer algo a un nivel más personal para compartir mi fe con otras personas. Yo pasé algún tiempo considerando justo lo que yo quiero decir a una persona acerca de cómo convertirse en cristiano. Leí los principales folletos de organizaciones tales como Cruzada Estudiantil para Cristo [Las cuatro leyes espirituales]. Leí diferentes versiones de la Biblia, y este folletito es el resultado de lo que seleccioné para que fuera la manera más concisa y efectiva en la cual yo personalmente quisiera compartir el evangelio con otra persona.

El folleto tiene doce páginas que están graduadas en tamaño para fácil referencia, y es sólo de 3 por 4 ½ pulgadas de tamaño en general, el tamaño justo para deslizarlo en un bolsillo de camisa. Si estuviéramos hablando cara a cara en este mismo momento, le entregaría uno de estos folletos para que tuviera uno propio, pero dado que eso no es posible, déjeme compartir con usted los contenidos completos:

Paso 1: Hay una razón por la que necesita ser salvo: ¡el pecado!

- Por cuanto todos pecaron, y están destituidos de la gloria de Dios. Romanos 3.23
- Como está escrito: «No hay justo, ni aun uno; no hay quien entienda. No hay quien busque a Dios. Todos se desviaron, a una se hicieron inútiles; no hay quien haga lo bueno, no hay ni siquiera uno». Romanos 3.10-12
- Dice el necio en su corazón: «No hay Dios». Se han corrompido, hacen obras abominables; no hay quien haga el bien. Jehová miró

desde los cielos sobre los hijos de los hombres, para ver si había algún entendido, que buscara a Dios. Todos se desviaron, a una se han corrompido; no hay quien haga lo bueno, no hay ni siquiera uno. Salmo 14.1-3

- Engañoso es el corazón más que todas las cosas, y perverso; ¿quién lo conocerá? Jeremías 17.9

PASO 2: Hay un castigo para su pecado,
¡Muerte! ¡Muerte eterna!

- Porque la paga del pecado es muerte, mas la dádiva de Dios es vida eterna en Cristo Jesús Señor nuestro. Romanos 6.23
- Y de la manera que está establecido para los hombres que mueran una sola vez, y después de esto el juicio. Hebreos 9.27
- De todo árbol del huerto podrás comer; mas del árbol de la ciencia del bien y del mal no comerás; porque el día que de él comieres, ciertamente morirás. Génesis 2.16-17
- Por tanto, como el pecado entró en el mundo por un hombre, y por el pecado la muerte, así la muerte pasó a todos los hombres, por cuanto todos pecaron. Romanos 5.12
- Entonces la concupiscencia; después que ha concebido, da a luz el pecado; y el pecado, siendo consumado, da a luz la muerte. Santiago 1.15

PASO 3: Dios ha hecho provisión para
su condición, ¡Cristo!

- Porque Cristo, cuando aún éramos débiles, a su tiempo murió por los impíos. Mas Dios muestra su amor para con nosotros, en que siendo aún pecadores, Cristo murió por nosotros. Pues mucho más, estando ya justificados en su sangre, por él seremos salvos de la ira. Romanos 5.6-8, 9

- Sabiendo que fuisteis rescatados de vuestra vana manera de vivir, la cual recibisteis de vuestros padres, no con cosas corruptibles, como oro y plata, sino con la sangre preciosa de Cristo, como de un cordero sin mancha y sin contaminación. 1 Pedro 1.18-19
- Y él es la propiciación por nuestros pecados; y no solamente por los nuestros, sino también por lo de todo el mundo. 1 Juan 2.2
- Porque de tal manera amó Dios al mundo, que ha dado a su Hijo unigénito, para que todo aquel que en él cree, no se pierda, más tenga vida eterna. Juan 3.16
- Porque primeramente os he enseñado lo que asimismo recibí: Que Cristo murió por nuestros pecados, conforme a las Escrituras; y que fue sepultado, y que resucitó al tercer día, conforme a las Escrituras. 1 Corintios 15.3-4

PASO 4: Su respuesta a la provisión de Dios: ¡Crea!

- Que si confesares con tu boca que Jesús es el Señor, y creyeres en tu corazón que Dios le levantó de los muertos, serás salvo. Porque con el corazón se cree para justicia, pero con la boca se confiesa para salvación... porque todo aquel que invocare el nombre del Señor, será salvo. Romanos 10.9-10, 13
- Mas a todos los que le recibieron, a los que creen en su nombre, les dio potestad de ser hechos hijos de Dios. Juan 1.12
- He aquí, yo estoy a la puerta y llamo; si alguno oye mi voz y abre la puerta, entraré a él, y cenaré con él, y él conmigo. Apocalipsis 3.20
- Estas cosas os he escrito a vosotros que creéis en el nombre del Hijo de Dios, para que sepáis que tenéis vida eterna.... 1 Juan 5.13
- El que en él cree, no es condenado; pero el que no cree, ya ha sido condenado, porque no ha creído en el nombre del unigénito Hijo de Dios. Juan 3.18

Invitación

¿Recibirá ahora a Cristo como su Salvador personal? Sabe que es un pecador... sabe que Cristo murió por usted, por sus pecados.

Si lo va a hacer, por fe, haga esta oración:
«Señor Jesús, ten misericordia de mí, pecador. Sálvame ahora... te doy mi vida ahora y siempre. ¡Amén!»

Después de estos cuatro pasos coloque una página de lo que llamo las «ordenanzas», las cosas que debemos hacer como cristianos sea que acabamos de recibir a Cristo o que hemos estado sirviéndoles por muchos años.

Obediencia

Siga a Cristo en el bautismo:
«Y mandó bautizarles en el nombre del Señor Jesús...» Hechos 10.48

Estudie su Biblia:
«Escudriñad las Escrituras...» Juan 5.39

«Desead, como niños recién nacidos, la leche espiritual no adulterada, para que por ella crezcáis para salvación» 1 Pedro 2.2

«Y ahora, hermanos, os encomiendo a Dios, y a la palabra de su gracia, que tiene poder para sobreedificaros...». Hechos 20.32

Ore a diario:
«Por nada estéis afanosos, sino sean conocidas vuestras peticiones delante de Dios en toda oración y ruego, con acción de gracias». Filipenses 4.6

«También les refirió Jesús una parábola sobre la necesidad de orar siempre, y no desmayar». Lucas 18.1

Asista regularmente a la iglesia:
«No dejando de congregarnos, como algunos tienen por costumbre...». Hebreos 10.25

Sea testigo a otros:
«...Y el que gana almas es sabio». Proverbios 11.30

Y finalmente yo agregué los Diez Mandamientos dado que tantas personas en estos días no parecen saber lo que son, y en algunas áreas, estos mandamientos están siendo removidos de los edificios públicos.

Jesús y los Diez Mandamientos

Los Diez Mandamientos dicen:

Éxodo 20.3
«No tendrás dioses ajenos delante de mí».

Éxodo 20.4
«No te harás imagen».

Éxodo 20.7
«No tomarás el nombre de Jehová tu Dios en vano».

Éxodo 20.8
«Acuérdate del día de reposo para santificarlo».

Éxodo 20.12
«Honra a tu padre y a tu madre...».

Éxodo 20.13
«No matarás».

Éxodo 20.14
«No cometerás adulterio».

> *Éxodo 20.15*
> «No hurtarás».
>
> *Éxodo 20.16*
> «No hablarás contra tu prójimo falso testimonio».
>
> *Éxodo 20.17*
> «No codiciarás…».

Yo meto un billete de 20 dólares doblado detrás de los folletos que llevo en mi bolsillo y estoy presto a regalar estos folletos a la gente con quien me encuentro. Por lo general pregunto: «¿Alguna vez has visto mi librito negro?» si ellos lo han hecho, no trato de darles uno. Pero si no lo han hecho, les pregunto: «¿Le gustaría una copia?»

La mayoría de la gente es curiosa, unos pocos pueden hasta pensar que estoy hablando acerca de un libro de nombres y números telefónicos, y ellos aceptarán el folleto. Para aquellos que descubren el billete de 20 dólares al final, bueno, la reacción es muy predecible. Una gran sonrisa aparecerá en sus caras, y ellos usualmente dicen algo para el efecto: «¿Se suponía que esto estuviera aquí?» Absolutamente.

Hace unos pocos años yo estaba en el lobby de un gran hotel, y miré alrededor del salón y vi a Ted Turner, el fundador de CNN, sentado solo. Yo fui hasta él y me presenté. Sabía que él poseía un rancho de ganado grande así que me imaginé que por lo menos tendríamos la agricultura en común. No estoy seguro de que él hubiera conocido alguna vez a un granjero de pollos de Texas y él parecía moderadamente interesado. Le regalé una copia de mi librito negro, y él pasó las páginas con su dedo pulgar rápidamente. Cuando él vio el billete de 20 dólares, lo tomó y dijo: «No necesito su dinero».

Yo respondí: «Estoy seguro que usted no lo necesita, pero eso viene con el folleto. El billete de 20 dólares es una señal de que yo tomo en serio lo que estoy diciendo. Quiero que la gente que reciba este folleto sepa que también soy muy serio acerca de que ellos se tomen el tiempo de leerlo, tan serio que hasta les daré algo por su tiempo». Ted Turner sonrió y metió los 20 dólares de vuelta en el folleto, y nos separamos. No sé si leyó el folleto, eso espero.

No hace mucho tiempo recibí una invitación para hablar a un grupo de pastores, misioneros y gente joven. Se esperaba que asistieran al evento cerca de tres mil. Estuve de acuerdo en ir, y muy rápidamente saqué la cuenta. Sentí una urgencia de dejarle saber al banco que necesitaría un valor de 60.000 dólares en billetes de 20 dólares con el fin de poder darle a cada persona que asistiera uno de mis libritos negros.

El banco no estuvo para nada sorprendido con mi petición. Tampoco lo estuvo el impresor quien recibió la orden urgente de imprimir tres mil copias.

Me complace que no se sorprendieran.

La gente que recibió los folletos *sí* se sorprendió... y gratamente.

Me complace que se sorprendieran ¡Sé que ellos estarán *eternamente* agradecidos si ellos le prestaron atención a lo que el folleto dice!

★ ★ ★

Porque ¿qué aprovechará al hombre si ganare
todo el mundo y perdiere su alma?
(MARCOS 8.36)

17

La vida en el Chateau

Patty y yo vivimos en el Chateau de Pilgrim. Es una gran casa al clásico estilo de arquitectura barroca francesa, más específicamente el estilo de Luis XV. Si está conduciendo por la Highway 271 hacia el sur de Pittsburg, no se la puede perder.

Algunos de los ciudadanos locales de Pittsburg se refieren a la casa como el Cluckingham Palace. Es algo como una referencia visible en el área de Pittsburg, y sí es bastante palaciego. Sabríamos que lo sería así que colocamos mi perfil con el sombrero de Pilgrim en los camafeos de hierro en la entrada de enfrente. Por lo menos conseguimos algún beneficio de publicidad para aquellos que están conduciendo frente a nuestra casa.

Ahora bien, Patty y yo no somos franceses, ni nos consideramos de la realeza, y solo estamos dos de nosotros en casa hoy en día. ¿Así que para qué construir una casa de este tamaño, estilo y grandeza en las afueras de Pittsburg, Texas?

Hubo varias razones.

Un lugar para nuestras colecciones

Patty y yo desarrollamos un gusto por arte y antigüedades francesas a través de los años. Tenemos una colección bastante extensa de antigüedades clásicas francesas.

Sin embargo, no todos los cuartos están amoblados con mobiliario francés. Algunos son estilo inglés, incluyendo un cuarto hecho al estilo victoriano.

Un reflejo de lo que nos gusta

La casa es también un reflejo de las cosas que nos gustan y que valoramos. Aunque la casa puede lucir muy elegante desde afuera, el período de estilo Luis XV fue notable por una dignidad muy bien lograda, la simetría y la practicidad funcional. Me gustan esas características. Ellas atraen mis sentidos del orden y mis tendencias de ingeniería en cuanto a combinar función y forma. La casa tiene una gran cantidad de luz, y tolera una mezcla de diferentes estilos interiores. A Patty le gustan especialmente estas características dado que ella es una artista.

No todos los salones son franceses.

Algunos son ingleses, incluyendo un dormitorio hecho en estilo victoriano. Patty tiene su colección de muñecas ahí. Patty disfruta hacer muñecas y la pintura china.

La casa de la piscina, el salón de ejercicios y el salón de medios ¡son americanos!

Una vitrina creativa

Casas de este tipo se conocían en Europa por sus jardines. Bueno, la jardinería para mí es una forma de granjeo. Creo que los terrenos de 25 hectáreas de los cuales la casa está situada presentan una oportunidad maravillosa de la belleza de la naturaleza creativa de Dios.

Una de las maneras en que me relajo es conduciendo un tractor grande que hala un tronco detrás de él. Hay algo recompensante acerca de limpiar la tierra y labrarla. Yo hice una cantidad significativa de la limpieza de la tierra en los terrenos del Chateau de Pilgrim. El arquitecto paisajista me dijo una vez que él estaba sorprendido de cuán rápidamente limpié la tierra como él había pedido. Él dijo que supo desde ese momento que él tendría que marchar a paso redoblado para posicionarse delante de mí en el diseño de la superficie en acres.

Hemos colocado varias esculturas en los jardines formales del frente, de los lados y detrás de la casa. Algunas de ellas son de nuestros nietos, y algunas son de pollos y pollitos bebés. Algunas esculturas son de ciervos y cisnes. Hay una escultura de mí sentado al lado del estanque sobre una banca de troncos rústica. Tengo una Biblia abierta sobre mis rodillas, hay suficiente espacio en la banca para que se siente otra persona. Yo insistí en que el escrito sobre la Biblia fuera lo suficientemente claro para leer, es uno de mis pasajes favoritos, Lucas 9.23-26.

También tenemos grandes jardines informales con un pequeño lago, un charco de tortugas, una selva de azaleas, una ciénaga real y un área para flores salvajes. Al pasar la cerca está la superficie en acres que poseemos que hemos dejado en su estado prístino de pradera.

Nosotros utilizamos una amplia variedad de plantas, la mayoría de las cuales están etiquetadas en su base utilizando el mismo sistema de etiquetas del Dallas Arboretum. Hemos trabajado con nuestro arquitecto paisajista para plantar algunas plantas experimentales, tales como variedades de azaleas que no han sido exhibidas al público así como plantas raras e inusuales que no se ven típicamente en el este de Texas. Estas áreas plantadas nos recuerdan la infinita variedad de Dios y la belleza en la creación. Tenemos más de dos millas de caminos asfaltados y de caminos que van por toda la propiedad; éstas son geniales para el ejercicio así como para las caminatas con la pura intención de la reflexión personal y la oración.

Los jardines tienen áreas para sentarse, fuentes y abundancia de color. En la primavera somos tratados con la gloria de más de 150 variedades y especies de bulbos.

Por la cerca trasera hay pasto abierto para los caballos, y en la distancia, usted puede ver varias polleras.

Patty y yo esperamos totalmente ese día en que nuestra casa pueda convertirse en algo como un museo o un centro de botánica.

Un lugar para recibir y entretener

El Chateau nos ha dado muchas oportunidades maravillosas para entretener a nuestros amigos. También hemos tenido oportunidades de patrocinar eventos para levantar fondos, y de dar refugio acogedor, tranquilo y seguro a invitados de los mundos político, de negocios y del entretenimiento. Cuando George W. Bush se lanzó para gobernador de Texas, fuimos privilegiados por ofrecer una barbacoa para cerca de mil de sus partidarios en el césped trasero y también tuvimos el privilegio de tener a George, Laura y sus hijas como nuestros huéspedes. George y las niñas realmente parecían disfrutar de la piscina.

Un lugar para inspirar sueños en otros

El Chateau de Pilgrim no luce en absoluto como lo que un muchacho de Pine, Texas, podría tener un día como casa. Eso puede ser la razón más importante para construir esta casa; es un testamento de nuestra habilidad humana para soñar grandes sueños y para confiar en Dios para lograrlos tal como Él los ve.

Cuando era niño, nunca vi una casa como el Chateau. ¡No sabía que existían! Y cuando finalmente aprendí que tales casas sí existían, estaban fuera en Europa u otros lugares lejanos, construidos para otra era y estatus social.

El Chateau de Pilgrim envía un mensaje de que la gente en la América *rural* puede construir grandes compañías, hacer buen dinero, comprar cosas y disfrutar las cosas que les gusta, hasta un Chateau estilo francés en medio de Texas del este. Ellos pueden dejar atrás algo de belleza y elegancia para las futuras generaciones. La grandeza y el lujo no solo son posibles, sino agradables, siempre y cuando los artículos de grandeza y lujo no se conviertan en ídolos o en la única preocupación de una persona.

Una casa como el Chateau de Pilgrim, que no se parece a ninguna casa que conozca y ciertamente no se parece a ninguna otra casa en mi pueblo de Pittsburg, también envía un mensaje de creatividad e individualidad personal. Yo no soy como cualquier otro, nunca lo he sido, nunca lo seré, y no quiero serlo. Lo mismo es cierto para usted. Cada uno de nosotros es un diseño único, hecho a mano por el Creador del universo. Él nunca hizo nada exactamente de la misma manera y Él se deleitó en hacernos a cada uno de nosotros únicos. Nuestra casa refleja ese aspecto de la creación de Dios.

Yo no animo a la gente joven a quienes hablo de vez en cuando a soñar con casas que son como las casas de otras personas o como mi casa, tal como no animo a la gente joven a tratar de ser como otra persona en la expresión de sus talentos. Estamos llamados a ser distintivamente originales, totalmente nosotros mismos, y aún así a reflejar los rasgos del carácter que son de Dios ¡Qué privilegio este!

Vivo en mi casa. Mis amigos más cercanos se sienten cómodos pasando a visitarme en mi casa. Los amigos de Patty se sienten de la misma manera. Especialmente disfruto trabajar en la casa en la piscina porque tiene tal gran cantidad de luz y una vista tan fantástica de los jardines y campos traseros. No me siento en lo más mínimo apenado o a la defensiva acerca de tener un lugar bello en el cual vivir, entretener, orar, dirigir el negocio o socializar con amigos. La casa es una bendición, y le doy gracias a Dios por ella.

¿Construiría yo esta casa otra vez justo como la construimos? Definitivamente. Solo cometí dos errores al construir el Chateau de Pilgrim. El primer error fue que les dije a los arquitectos que fueran creativos. El segundo error fue que yo no tenía un presupuesto. Si yo fuera a construir la casa otra vez, yo podría poner sólo unos pocos límites más a la creatividad y al presupuesto. Y luego otra vez, tal vez no. El Chateau será ciertamente una referencia, mucho tiempo después de que Patty y yo estemos en el cielo.

¿Y usted qué?

Yo no sé cómo vive ni dónde vive, pero le animo en estas áreas:

- Cree un lugar en el cual se sienta totalmente cómodo consigo mismo, su familia, sus amigos.
- Cree un lugar que sea un tributo a Dios, un lugar de belleza, de armonía y paz. Cree un lugar donde no tenga duda para orar o para hablar a otros acerca del Señor.
- Cree un lugar que sea un reflejo de las cosas que le gustan, aprecia o disfruta. No copie el estilo de otro por la única razón de tener estilo de acuerdo a las normas generales.
- Cree un lugar que funcione para usted, que le permita funcionar al máximo de su habilidad, incluyendo su máxima habilidad para soñar y planear y visionar nuevos horizontes.
- Cree un lugar que otros reflexionen acerca de las bondades de Dios y de la gran diversidad de la creación de Dios.

Haga lo mismo cuando se trate de la oficina en la cual trabaja. Y si tiene una segunda oficina en la que se reúne con gente o un salón de conferencias en el cual se reúne con grupos de gentes, extienda estos principios a esos ambientes.

Cree un ambiente en el cual usted y otros estén cómodos, un lugar que sea pacífico y placentero, un lugar que sea funcional y aun así cómodo, que refleje su personalidad, y que sea distintivamente *usted*.

¿Qué tiene todo esto que ver con el negocio?

Cuando usted crea un ambiente que es únicamente suyo, envía una señal de que está cómodo en su propia piel y de que tiene un fuerte sentido de propósito y de dirección para su vida. Eso envía una señal a otros, aunque a ellos no les guste particularmente su estilo, de que usted probablemente tiene el mismo sentido del propósito de dirección y de distinción que les dará su compañía. Si tiene una visión clara para su vida, en todos los aspectos, tiene una visión clara para su compañía.

Una visión clara y fuerte usualmente resulta en un futuro brillante y fuerte.

Ten ahora a bien bendecir la casa de tu siervo, para que permanezca perpetuamente delante de ti....
(2 SAMUEL 7.29)

18

El punto clave:
Sepa a quién dar crédito

Toda persona de negocios está interesada en el punto clave. Aun más importante, en mi opinión, es el punto clave para la vida.

Tengo esperanzas de que mi compañía continúe siendo uno de los líderes en la industria avícola, no solo en volumen y cifras financieras sino en calidad y valor. Hemos tenido maravillosas historias de éxito a través de los años hechas posibles por la dedicación y el trabajo arduo de miles de personas, no solo yo. Creo que nuestro liderazgo se prepara para un futuro muy positivo. La corporación opera con gente notable en una industria fuerte y creciente. Existen todas las razones para creer en un excelente futuro.

Pero también sé con absoluta certeza que Pilgrim's Pride continuará teniendo éxito solo mientras los relacionados con ella entiendan la razón *real* de la existencia de la compañía y la razón *real* de su existencia personal en esta tierra, y eso es: Dar a Dios el crédito y la gloria por todo lo bueno que se logra. Si los líderes continúan confiando en Dios y dándole el crédito por sus éxitos, no tengo duda en predecir que el septuagésimo quinto aniversario de Pilgrim's Pride en 2021 será verdaderamente ¡Para quedarse petrificado!

Al final la cantidad de dinero que una persona tiene no es lo que realmente vale. Lo importante es lo que la persona hace con ese dinero. No importa si tiene poco o mucho; todo el dinero es de Dios de todas maneras.

Apenas recientemente mi contador me dio una declaración financiera. Esta indicaba que yo había alcanzado un hito: Tengo un valor neto de un billón de dólares.

Ni un céntimo de eso me pertenece. Todo le pertenece al Señor.

Dos de los versículos de la Escritura más importantes para mí son estos:

> Proverbios 27.1-2
> No te jactes del día de mañana; porque no sabes qué
> dará de sí el día.
> Alábete el extraño, y no tu propia boca;
> El ajeno, y no los labios tuyos.

> Salmo 24.1
> De Jehová es la tierra y su plenitud;
> El mundo, y los que él habitan.

Ese es el punto clave.

Acerca del autor

Con su sombrero de hebilla de Pilgrim [peregrino], Bo Pilgrim ha sido una celebridad de buena fe en el negocio avícola durante muchos años. Aunque también es conocido como un hombre profundamente religioso con impecable carácter y valores basados en la familia, y un espíritu generoso y cálido. Al llevar una pequeña tienda de provisiones para granjas hasta convertirla en una compañía multimillonaria en dólares, el señor Pilgrim también ha mantenido la honestidad y la integridad al frente de sus prioridades en unas perspectivas sencillas. Su empresa es un negocio creciente y exitoso constituido por gente que disfruta su trabajo y produce buenos resultados para sus inversionistas.

Algunos de los reconocimientos más recientes que ha recibido incluyen:

- 2001: Wal-Mart Supplier of the Year (división de perecederos) [Suplidor de Walt-Mart del Año]
- 2002: Whataburguer's Supplier of the Year
- 2003: Wendy's Quality Supplier of the Year
- 2004: El «Cool Dozen Award» de la revista *Provisioner*, reconocimiento de Pilgrim's Pride como una de las doce mejores compañías para las cuales trabajar.
- 2004: Una de las «Most Admired Companies in America» [Compañías Más Admiradas de Estados Unidos] nombrada por la revista *Fortune*.
- 2005: Distinguished Supplier Award concedido por Darden Restaurants, la compañía más grande de restaurantes informales del mundo.

El señor Pilgrim ha sido un esposo dedicado a su esposa Patty durante 49 años. Tienen dos hijos, una hija y seis nietos. Él enseña en la escuela dominical en la First Baptist Church en Pittsburg.

El progreso de un «Pilgrim»
Disponible en inglés

BO PILGRIM
FOUNDER AND CHAIRMAN OF PILGRIM'S PRIDE CORPORATION

ONE PILGRIM'S PROGRESS

How to Build A World Class Company and Who to Credit

ISBN: 078521190X

CARIBE-BETANIA EDITORES
Una división de Thomas Nelson Publishers

www.caribebetania.com

www.ingramcontent.com/pod-product-compliance
Lightning Source LLC
Chambersburg PA
CBHW011341090426
42743CB00018B/3401

BATIMENTS

DE

CHEMINS DE FER

180. IMPRIMERIE L. TOINON ET C⁴, A SAINT-GERMAIN